国别区域传媒与文化 | 系列教材 |

意大利
大众传媒与文化

Italian
Mass Media and
Culture

朱益姝 ◎ 著

中国传媒大学 出版社
·北京·

目 录

绪　论 …………………………………………………………………… 001

第一章　意大利的报刊业及通讯社 ……………………………… 009

第一节　意大利早期新闻报业的发展 ………………………… 009

第二节　印刷术与近代报纸 …………………………………… 012

第三节　17—19世纪上半叶的意大利报刊业 ………………… 015

第四节　意大利统一后的报刊业 ……………………………… 023

第五节　二战后至20世纪末意大利报刊权利的回归 ………… 035

第六节　意大利报刊业与战后政治、经济和文化 …………… 038

第七节　21世纪的意大利报刊业 ……………………………… 048

第八节　意大利的主要通讯社 ………………………………… 051

第二章　意大利的广播电视业 …………………………………… 057

第一节　意大利广播业发展史 ………………………………… 057

第二节　数字时代的意大利广播业 …………………………… 061

第三节　意大利电视业发展史 …………………………………… 066
　　第四节　网络时代的电视业 ……………………………………… 082

第三章　意大利的网络与新兴媒体 ……………………………………… 086
　　第一节　意大利互联网和社交媒体的发展历程 ………………… 086
　　第二节　意大利互联网和社交媒体的发展现状 ………………… 092
　　第三节　网络和新兴媒体带来的影响和变化 …………………… 098
　　第四节　数字时代的主要问题 …………………………………… 111

第四章　意大利传媒业相关法制建设、监管机构及行业协会组织 …… 115
　　第一节　意大利传媒业法律和制度发展史 ……………………… 116
　　第二节　意大利通信保障局 ……………………………………… 125
　　第三节　意大利全国新闻界联合会 ……………………………… 132
　　第四节　意大利国家记者救助协会 ……………………………… 134
　　第五节　意大利记者公会 ………………………………………… 137

第五章　意大利传媒界与中国的交流与合作 …………………………… 145
　　第一节　中国驻意主要媒体机构 ………………………………… 147
　　第二节　意大利驻中国的主要媒体机构 ………………………… 164
　　第三节　关于中意两国传媒界交流合作的思考 ………………… 167

参考文献 ……………………………………………………………………… 169

后　记 ………………………………………………………………………… 173

绪 论

意大利是一个南欧国家,坐落在风光秀美的亚平宁半岛,素有"欧洲花园"的美称,它的地理版图是一个形状像长筒靴的半岛,有着漫长的海岸线。由于发达的海上交通和得天独厚的地理位置,自古以来意大利就是连接东西方的重要交通枢纽,也是发达的经济文化中心。这里不仅有优美迷人的自然风光,而且孕育了繁荣强盛的古罗马文明、中世纪基督教文明和文艺复兴以来的近现代文明,著名的历史学家朱龙华教授(2012)曾写道:"在欧洲土地上,只有意大利经历了年代最长而又一脉相承的历史沧桑,也只有意大利能展示出最为辉煌却又丰富多样的文化积淀。"自17世纪起,欧洲各国上下便盛行到意大利参观、游览和学习,进行一次Grand Tour(大旅行),这对当时欧洲文化、教育界中有修养的人来说,宛若一次文化与艺术的朝圣,是人生的必修课。英国诗人拜伦在游览了意大利的美丽风光、欣赏了众多伟大的艺术作品之后,对意大利的赞叹与热爱之情溢于言表,在他的著名长诗《恰尔德·哈洛尔德游记》中称其为"世界之花园""艺术的家乡"。意大利在欧洲人心目中重要的地位由此可见一斑。

中国和意大利都曾为历史上强大的文明古国,有诸多相似之处。从古罗马时代起,两国人民就有着源远流长的友好交往历史,早在《后汉书·西域传》中就提到古罗马帝国"有类中国,故谓之大秦",两国辉煌灿烂的文化影响深远,让彼此惺惺相惜,马可·波罗、丝绸之路,成为历史留给后世的美好回忆和宝贵财富。现代意大利作为欧盟的创始成员国,西方最发达的国家之一,其政治经济地位不言而喻。早在1965年,中意正式建交之前,两国就互设了商务代表处;1969年年初,时任意大利外长的彼得罗·南尼①公开宣布准备与中国建交。经过近两年的艰苦谈判,两国终于在1970年11月签署建交协议,开启了中意友好交往的新篇章。2004年,中意两国建立全面战略伙伴关系;2019年3月,习近平主席应邀对意大利进行国事访问,意大利成为唯一签署"一带一路"倡议的G7国家,"古丝绸之路"和"新丝绸之路"的两个端点以新的方式再次连接在一起,这成为两国关系发展史上具有里程碑意义的重大事件,引领中意全面战略伙伴关系迈上了新的台阶,为推动人类命运共同体的构建开辟了新的空间。

大众传媒是不同国家和地区之间互相交流、了解的一个重要途径。在西方,"传媒"被认为是立法权、司法权、行政权之外的第四种公权力,各种媒体,如报刊、广播、电视、网络等,通过影响公众舆论,在社会生活中发挥着举足轻重的作用,它们甚至可以对一个国家的行政、立法和司法权力施加强有力的影响。前欧盟驻华使团团长赛日·安博认为:"在欧洲各国,由于没有新闻审查制度,并且由于表达自由是一种基本的价值观,所以新闻媒体是自由的。但这并不意味在这个充满竞争的世界上,欧洲的新闻媒体就可以完全摆脱各种权力机构的影响及商业利益的掣肘。"②因此,了解一个国家的大众传媒业,将有利于更好地了解这个国家的政治、经济、文化以及社会生活的方方面面。意大利,作为一个在政治、经济、文化上具有相当大影响力的欧洲发达国家,研究其大众传媒业显得尤为重要。

---

① 彼得罗·南尼(Pietro Nenni, 1891—1980),意大利政治家,意大利社会党前主席,意大利政府前副总理、外交部部长。在其任职期间,推动意大利政府承认中华人民共和国,其本人在1955年9月和1971年11月两次访问中国,为中意两国恢复外交关系和增进两国人民的友谊作出了贡献。
② 皮拉蒂,里盖利.创意工厂——意大利传媒市场[M].史克栋,等译.北京:中国传媒大学出版社,2009:1.

知己知彼，才能真正做到有效沟通，才能促进交流合作，了解并研究意大利的大众传媒及其文化有利于我国实现对外精准传播、推动中华文化走出去战略和世界文明互鉴，这一切对于要逐渐走到世界舞台中央的中国有着极其重要的意义。

千百年来，意大利的文化有着极其丰富的内容，成果灿若星河，其中一颗熠熠生辉，对后世影响深远的"明星"就是意大利的大众传媒业。意大利是西方新闻业的发源地，早在古罗马时期就有定期公开和保存信息的机制，其新闻传播历史悠久。公元前59年恺撒大帝下令将政府命令、条约、元老院工作报告、宗教新闻等，用尖笔刻在罗马议事厅外的一块涂有石膏的特质木板上，供公民阅读浏览，了解国家大事小情，这也为手抄官报《每日纪闻》的发展奠定了基础。《每日纪闻》持续了几百年，史料记载中提及它的最后年份是公元222年，即这份最初的报纸大约到3世纪才消亡。[①]17世纪起，随着印刷术的推广，意大利的新闻业开始迅速发展。19世纪中叶，意大利的现代新闻传播业开始出现，报刊作为宣传的工具，被广泛用于各种政治力量和思想的宣传中，如自由派、民主派，宗教思想、法国大革命思想、为争取国家统一和民族独立的民族主义思想等。近现代意大利的大众传媒业也颇为发达，目前全国拥有50余种报刊，私人广播电视台500余家[②]，18岁以上意大利人的互联网渗透率达到91.7%[③]。

中华人民共和国成立几十年来，国内对意大利大众传媒领域的研究成果并不多见。相关专著、教材还处于空白之中，仅有一部译著《创意工厂——意大利传媒市场》，出版于2009年。该译著采用政治经济学的研究方法，将媒体、政治和社会紧密联系起来，全面概述了从20世纪80年代起20多年间

---

① 杨丽，涂鸣华.《每日纪闻》与古罗马时期的新闻传播活动[J]. 新闻研究导刊，2020，11（16）：26-28.
② 郝静雅，何亮. 意大利新闻传播业的历史与现状探析[J]. 传媒，2020（3）：51-54.
③ Centro Studi Investimenti Sociali. Il valore della connettività nell'Italia del dopo COVID-19 [R]. Roma: CENSIS, 2021.

意大利的传媒体制，探讨了意大利媒体体制的演变发展和格局变化。该译著内容翔实丰富，提供了很多数据和史料，但距今已十余年，内容略显陈旧，并且受时代所限，该书没有涉及如今日新月异的新兴媒体的发展。其余与意大利大众传媒相关的研究均包含在世界传媒研究或欧洲传媒研究中，比如陈力丹（2016）、李彬（2009）概括性地梳理了意大利从古罗马时期到21世纪初的新闻传播的发展历程，包括报刊、广播、电视领域的主要集团和格局现状；刘昶、甘露（2015）介绍了意大利的传媒业概况、主流媒体、通讯社、传播类高等院校、管理机构及法律法规等。这些研究拓宽了对意大利传媒行业研究的领域，提升了国内对意大利传媒业的关注度，但因意大利传媒业仅作为全书的一部分，受篇幅所限，还未能深入、系统地展现意大利传媒业的全貌，不免遗憾。

除此之外，意大利传媒业相关研究多零星见于一些期刊论文。如在意大利电视业方面，有的从节目内容和风格方面入手，分析国营和私营电视台的竞争方式和吸引观众的策略（丁一，1996）；有的从电视业的发展历程、电视运营机构、新技术的采用和推广、观众特点和传媒监管的角度，分析意大利电视业的现状和发展特点（李宇，2013）；有的从新闻史的角度，对第一手史料进行梳理，探究古罗马的新闻传播活动，考证《每日纪闻》的内容和发展变化（杨丽、涂鸣华，2020），有的对意大利新闻传播业的历史沿革进行梳理，综合调查数据和行业相关法规，初步探析意大利新闻传播业不同时期的发展特点及其内在原因（郝静雅、何亮，2020）；还有的聚焦意大利的新媒体行业，借助大数据和美国ComScore的年度公报，随着传统媒体与互联网、社交媒体的融合，研究新的融媒体对意大利人生产以及生活方式产生的影响（周宜锦，2017）。与此同时，中国国际广播电台针对意大利媒体环境，探究在融媒体时代如何加强对意传播与合作，开创新时期对意传播工作新局面（金京，2018）。

综上所述，国内对于意大利大众传媒的研究主要有以下三个特点：第一，关注点分散，篇章零散，对意大利大众传媒业关注度还不够，未能形成系统的、完整的、有深度的研究成果；第二，厚古而薄今，对历史性资料关注较多，而对当代，尤其是新媒体、融媒体关注较少，对因技术飞速发展给传媒业和人类社会生产生活带来的变化没有涉及，缺少最新、最前沿的研究；第三，介绍性、梳理性成果较多，分析性、理论性成果较少，这说明该领域研究还处在初级阶段，有广阔的发展空间。

造成这种现状的原因，笔者谨慎地认为主要有三点：一是语言的原因，意大利语属于非通用语种，掌握该语言的人较少，而在意大利，英语并不普及，所以语言不通使得研究者无法获取第一手资料，造成了研究不便；二是缺乏人才，掌握意大利语的人不懂传媒，懂传媒的人不懂语言，隔行如隔山，能拥有两种学科背景并潜心于此项研究的人少之又少；三是时代的局限，中华人民共和国成立初期，国内外的政治环境压力极大，经济百废待兴，无暇顾及传媒领域的研究。直到改革开放，中国才逐渐打开国门，而彼时，国内对美、英、法的研究热情高涨，对意大利的了解和关注还不足，这使得国内对意大利的研究有一定程度的局限，直到近一二十年，才略有成果出现。

基于以上所总结之现状和考虑，笔者希望在意大利大众传媒与文化研究领域尽自己的一份微薄之力。笔者从事大学意大利语教学已有十五年，其间多次赴意大利访学交流，多年来持续关注意大利的大众传媒业，积累了较为丰富的素材，非常期待能够将所学、所思、所见整理并撰写成书，以飨中国读者。

随着时代的发展，在人才培养过程中，笔者越来越意识到学生在高等教育阶段仅掌握一门语言是远远不够的，是无法适应时代、国家、社会对人才培养的要求的。经过中国共产党的百年奋斗，中国人民正在努力实现伟大的民族复兴之梦，中国需要加强对外传播，讲好中国故事，传递中国声音，努力与世界各国人民增进了解、推动构建人类命运共同体，因此迫切需要既精通外语又通晓传媒的复合型人才。

本教材作为"国别区域传媒与文化"系列教材之一，将以此为出发点，力图系统梳理意大利大众传媒业发展历史、主要传媒集团、相关政策法律制度、媒体监管机构、行业协会组织等，发现不同政策法规对意大利的政治、经济、文化和人民的生产生活带来的影响和变化，探究大众传媒与意大利政治、经济、文化、社会各方面千丝万缕、错综复杂的联系，以期描绘出相对完整、详尽的意大利大众传媒体系，填补国内该领域的空白。

本教材除开篇的绪论外，按照历时的顺序，以媒介为划分标准，分为五章。

第一章，意大利传统媒体报刊业的发展史，将梳理从古罗马时期报纸的诞生到当代意大利主要报刊集团的发展历程，从纵向和横向两个维度清晰地呈现出意大利报刊业的发展状况，探究各主要报刊的政治倾向、内容特色、发行规模和影响力，同时，分析意大利传统媒体与政治、经济和文化的密切关系。最后将对意大利的主要通讯社进行简要介绍。

第二章，意大利的广播电视业发展史，意大利的广播电视台最初仅由国家经营，之后私营广播电视台冲破国营垄断的阻碍，积极推动行业法律的变更，逐渐发展壮大起来，如今形成意大利广播电视公司（RAI）和梅地亚塞特集团（Mediaset）双雄并立的局面，该章还将重点分析广播电视业的节目内容、经营策略、经济状况、技术发展、市场占有率，以及网络时代的广播电视对意大利社会和人民生活带来的影响和变化。

第三章，意大利的网络与新兴媒体的发展状况。随着互联网和智能手机的普及，新媒体已成为人们获取信息、沟通联系最主要的渠道，并正在改变着大众的行为习惯。该章将基于意大利国家统计局、意大利社会投资研究中心、意大利通信保障局等权威机构的最新调研数据，对意大利的网络、社交媒体等新兴媒体的发展情况进行详细梳理，探讨传媒技术的发展更新给人们生活带来的多方面影响，以及伴随数字时代的到来产生的一些社会问题。此外，意大利的传统媒体在与新兴媒体的激烈碰撞中竞争与融合，这也为意大利大众传媒的发展带来了机遇与挑战，促使传统媒体向融媒体方向发展，使大众传媒产生质与量的飞速变化。

第四章，意大利传媒业的相关法制建设、监管机构及行业协会组织。1997年意大利根据《马卡尼克法》(*Legge Maccanico*)成立的通信保障局是意大利主要传媒监管机构，作为一个独立的权威机构，拥有在电信、音像、出版、网络领域的权力和监管资格，负责确保公平正当竞争，保障传媒领域的多元化和公民的基本信息自由，同时开展研究和创新活动，维护市场的良性发展和适度竞争；意大利最权威的记者管理机构，即成立于1963年的意大利记者公会是意大利新闻记者的管理部门，主要负责制定新闻从业人员的行为准则，负责资格注册、资格证发放、培训等工作。此外还有意大利全国新闻界联合会、意大利国家记者救助协会等，该章将重点理清各主要监管机构的历史沿革、组织结构、职能范围以及政治、社会影响力。

第五章，中国和意大利在传媒领域合作交流的回顾与展望。该章将对中国驻意大利的主要媒体机构和意大利驻华的主要媒体机构进行梳理和介绍，如历史沿革、目前的发展情况等。重点考察中国国际广播电台意大利语部多年来关于对意文化交流而开展的各种各样的线上线下活动，如《中意》双语杂志、"中意"客户端，落地意大利的意语广播、孔子课堂广播，以及网络、社交媒体账号，在意大利电视台播放中国节目、中意合作拍摄纪录片等，这些活动得到了意大利各界的广泛认可，影响力日渐提升，必将有利于中意传媒领域的合作继续健康发展，走向更深远更美好的未来。

意大利大众传媒与文化领域的研究在国内非常薄弱，所以本教材撰写过程中面临的最大问题是国内可用资料少，中文资料更少。因此，笔者搜集研读了大量外国学者的研究成果，包括相关的英文、意大利文资料，希望为国内该领域的学习研究打开一个新的视角，提供更丰富翔实的第一手资料。

本教材主要是针对意大利语专业高年级本科生和意大利国别研究专业的研究生而编写的，也可供其他从事传媒相关管理、研究和教学的工作者、学习者，或是对意大利传媒感兴趣的人士使用。

思考题

1. 大众传媒包括什么?
2. 你对意大利的大众传媒与文化有哪些了解?
3. 我国与意大利在传媒领域有哪些交流?

第一章　意大利的报刊业及通讯社

● 导　语 ●

自古以来，人类就有信息传递的需求和传统，从口口相传到图画文字，从无声的纸媒到有声的画面，从定期定时的单项传播到随时随地的互动式新媒体，大众传媒将人与人、人与信息的联系变得愈加紧密、便捷和频繁，与此同时，人类社会的生产生活、人的思想观念也在这日益频繁密切的互动中，一刻也未曾停歇地发生着不自觉的改变。

丘吉尔曾说："越是回望反省，越能看清未来。"这一章，让我们追本溯源，探寻意大利大众传媒的历史源头。

第一节　意大利早期新闻报业的发展

一、古罗马与《每日纪闻》

今天的意大利，历史上曾是横跨欧亚非三大洲的古罗马帝国的中心。强大的古罗马帝国因为统治的需要，建立了十分发达的信息传播系统，并且一直保留着将重要信息公之于众的传统,早在公元前450年左右,罗马第一部成文法典就被刻在青铜板上,矗立于元老院前的讲坛旁,即著名的《十二铜表法》。

古罗马是西方新闻传播业的发祥地,拥有世界上最早的有文字记载的新闻传播历史。罗马共和国的执政官恺撒在公元前59年下令,将元老院议事和公民讨论的情况每天汇编后,公布在罗马议事厅外的一块特制木板上,由专人书写,该公告叫作"acta diurna populi Romani",拉丁文的字面意思就是"罗马公民每日行为录",简称为"每日纪闻"或"行为录",它被认为是"历史上第一份官方的报纸"(李彬,2009),报纸的雏形《每日纪闻》由此诞生。

《每日纪闻》最初的内容主要是政治新闻,如立法议案、重要的演讲和辩论、会议纪要、国家大事、宗教祭祀、税收情况、官方的统计数字和公告等,文风朴实,简洁明了。后来《每日纪闻》的内容越来越丰富,除以上信息外,还会公布一些社会新闻,如贵族的婚丧嫁娶、遗产馈赠和各种异常的自然现象等。屋大维成为罗马帝国的皇帝之后,要求书记员将《每日纪闻》抄写下来,并分送给罗马帝国各地重要的军政长官,这成为罗马帝国中央与地方联系的一条纽带。后来一些有经济头脑的人看到了其中的商机,就让人抄写若干份《每日纪闻》,然后送到有可能感兴趣的、愿意出钱购买的人家里,以此来赚取报酬,这与现代社会中出现的送报上门服务有相似之处。

然而从客观上讲,并不能说恺撒创办了《每日纪闻》,因为创办报纸也并非他的初衷,他这样做有其个人的政治目的——打击元老院的神秘性和权威性。元老院贵族派一向闭门议事,而平民派的恺撒作为执政官,通过每日公开元老院的议事内容,巧妙地实现了他争取平民支持、削弱贵族势力的政治目的。

关于《每日纪闻》的消亡有多种说法,有说是持续到公元330年罗马首都东迁时止[1];有说是公元476年西罗马帝国灭亡,《每日纪闻》随之终刊[2];历史上并

---

[1] 陈力丹. 世界新闻传播史[M]. 3版. 上海:上海交通大学出版社,2016:120.
[2] 中国大百科全书·新闻出版:世界报业史[M]. 北京:中国大百科全书出版社,1990:270.

没有明确记载《每日纪闻》具体的消失日期，但现有史料中最后提及它的年份是公元222年①。因此，可以肯定的是，《每日纪闻》随着罗马帝国的衰落而逐渐消失了，更让人遗憾的是，《每日纪闻》的原文一份也没有保存下来，后人仅能从西塞罗的书信集、塔西佗的史书等其他史料中窥见它的一角。

二、手抄新闻与《威尼斯公报》

随着西罗马帝国的灭亡，意大利陷入了沉寂。在一千多年的历史长河中，意大利分崩离析，失去了往日的辉煌。在漫长黑暗的中世纪，意大利仅作为一个地理名词而存在着，直到文艺复兴来临，它才如困顿已久后如梦初醒的花朵一般，重新恢复生机、大放异彩。

14世纪左右，由于意大利的威尼斯占有优势的地理位置，因此它成为东西方交汇的中心，商业贸易非常繁荣，这里也成为各种信息的集散地。上至王公贵族、教廷、政府，下至普通商贩，都需要各种有关政局、商情、交通等方面的信息，新闻由此变成了一种可牟利的商品。那些非常精明又有创新精神的威尼斯人发现，搜集、传播和交换信息是一件有利可图的事情，于是出现了一种被称为"menante"的职业，意为"收取酬金的通讯员"，他们专门向宫廷、贵族或者商人等有信息需求的人提供"手抄新闻"，并以此获取酬金。到15世纪，"手抄新闻"极为盛行，"新闻"一词也开始被人们普遍使用②。16世纪中叶，"手抄新闻"行会在威尼斯发展起来，搜集、编写和传播新闻逐渐变成了一种固定的职业。1566年，威尼斯出现了由政府定期发行的系统化的手抄新闻，这就是在世界新闻史上占据一席之地的《威尼斯公报》（*Venice Gazzetta*）。《威尼斯公报》售价为一个加塞特（Gazzetta），这个词原本是威尼斯当时发行的货币，但后来逐渐演变为"报纸""公报"的意思，

---

① 杨丽，涂鸣华.《每日纪闻》与古罗马时期的新闻传播活动［J］. 新闻研究导刊，2020，11（16）：26-28.

② The Oxford English dictionary［M］. Oxford University Press, 1989: 374.

并进入英语词汇范围，成为世界通用的词语。直到今天，意大利还有许多报纸用这个词作为报名，如意大利最重要也是发行量最大的体育类报纸 La Gazzetta dello Sport（《体育报》），还有一些重要的地方报纸，如 Gazzetta di Mantova（《曼托瓦公报》）。

第二节　印刷术与近代报纸

阿特休尔认为："正是印刷术的发明（而不是别的）使历史从中世纪发展到近代；这期间，能够阅读的大众日益增多导致了思想的广泛传播，思想的广泛传播又推动了哲学与科技的变革。这些变革最终推翻了教士和贵族的统治，从而产生崭新的政治、经济、社会、文化和宗教制度。在这个发展过程中，新闻事业从未与之分离，始终是这些发展的有机组成部分。遗忘了这一简单的道理，就不可能理解新闻事业。"① 正因为印刷术的发明并广泛应用于出版发行，推动了社会的变革和进步，真正意义上的现代报刊才开始出现。

15世纪中期，德国人约翰·古登堡（Johann Gutenberg）发明了金属活字印刷术，大大提高了印刷的质量和效率，并被广泛应用于宗教传播和新闻传播。自此，各种信息的传播速度加快，传播能力增强，这无异于在欧洲发起了一场新闻传播的革命，为长久以来困囿于宗教统治的人们打开了通往理性和自由的大门。因此，信息传播逐步实现了定期出版和大量复印，开始走向组织化、规模化、专业化。②

图1.1　德国人约翰·古登堡②

1466年印刷术传到了罗马，然而罗马教廷和人

---

① 阿特休尔. 权力的媒介 [M]. 黄煜，裴志康，译. 北京：华夏出版社，1989：4.
② 图片来源：百度百科。

文主义者却把印刷新闻小报视为"德国城市野蛮人的发现"①，对其嗤之以鼻。当时的羊皮纸书装帧精美、绘有插图，也有花纹装饰，相比之下，活页的印刷新闻纸确实显得寒酸了许多。因此，在16世纪至18世纪，印刷新闻没能占有优势，手抄新闻依然盛行，但新技术的力量即使暂时被压制，最终必定会以不可抵挡之势冲破一切阻碍，获得发展。

图1.2　古登堡改良的印刷机

随着文艺复兴的深入，意大利人经历了一次深刻的思想洗礼，文化从宗教、贵族的垄断控制中解放出来，人们对新知识充满了渴望，对未知的世界充满了好奇，人开始认识到自身的价值，并有勇气和信心去不断地探索未知的一切。在客观

图1.3　古登堡博物馆②

上，经过文艺复兴运动，以托斯卡纳方言为基础的意大利语逐渐成为意大利通用的标准语，语言的统一为现代报刊的发行和传播提供了必要条件。

图1.4　羊皮纸书1　　　图1.5　羊皮纸书2

---

① 布克哈特. 意大利文艺复兴时期的文化［M］. 何新，译. 北京：商务印书馆，1979：190.
② 古登堡博物馆（Gutenberg Museum），位于德国的美因茨市中心，这里保存着1454年第一次使用活字印刷术印制的最原始的42行版的《圣经》，这是西方批量印刷出版图书的开始。

> 文艺复兴早期，意大利的"文学三杰"但丁、彼特拉克、薄伽丘分别撰写了《神曲》《歌集》《十日谈》，这三部文学作品均是以托斯卡纳方言为基础进行创作的，由于这些文学作品的广泛流传，其语言逐渐为意大利普通民众所掌握和使用，成为标准意大利语。

然而此时，意大利各地的封建割据政权由于忌惮新思想的传播，制定了针对出版物的检查制度，整个16世纪，欧洲对出版物的内容和对印刷商的控制都日趋严格。

15世纪时，威尼斯共和国出现了最早的世俗政权对出版物的检查制度，但得益于那些头脑灵活的威尼斯商人采用了一些逃避当地检查的办法，钻政策的空子，检查制度并未能严格落实，反而使威尼斯成为意大利出版最自由的地方。而在意大利中部的教皇国，情况就完全不同了，由于教会势力十分强大，出于对思想的控制，1559年，教皇保罗四世发布第1版《禁书目录》，导致在意大利中部和南部大部分地区的出版业都受到了极大的冲击，教皇甚至颁布禁令，禁止手抄新闻的传播。

16世纪初，意大利出现了第一个利用新闻来敲诈获利的人物——彼得·阿莱蒂诺（Pietro Aretino）[①]，他是一位讽刺作家，非常擅长写十四行诗、小册子和短剧。他会以出版他与意大利权贵人物的一些私人信件相要挟，用这些信件来敲诈权贵们。如果权贵们不能按照他的要求付给他足够的金钱，他就会把他们的丑事写进讽刺作品中出版发行，毁坏他们的声誉，甚至可能会影响他们进入意大利的政坛。这种做法使彼得·阿莱蒂诺名利双收，并随即被法国人效仿。现在，一些人称他为那个时代的"公民凯恩"、"黄色"新闻的鼻祖[②]。

---

① 彼得·阿莱蒂诺（Pietro Aretino），1492年生于意大利托斯卡纳大区的阿雷佐（Arezzo），1556年卒于威尼斯。被阿里奥斯托（Ariosto）称为"王公贵族的祸患"。
② 波兹曼. 童年的消逝[M]. 吴燕莛, 译. 桂林：广西师范大学出版社, 2004: 37-38.

第三节　17—19世纪上半叶的意大利报刊业

我们所说的近代报刊，其出现的标准主要有四个：一是定期出版并具有稳定性；二是机器印刷、大量复制信息；三是面向一切社会阶层，必须关注读者的普遍兴趣而不是某种特殊兴趣；四是能够及时提供内容不断更新并相对准确的各类新闻。从这个标准看，近代报刊是在16世纪末17世纪初开始出现的[1]。

阿特休尔教授认为定期性是现代刊物的一大基本要素，17世纪前期，欧洲各地几乎同时出现了定期刊物[2]。因此通常人们认为17世纪是古代与现代的新闻传播活动的分水岭。客观上，17世纪初现代邮政系统在欧洲大陆建立，为报纸的邮寄创造了条件，最初定期报刊多为周刊，从17世纪中叶开始，邮件改为每日寄送，日报的诞生才变得可能[3]。

从17世纪30年代起，意大利多地出现了公报，如佛罗伦萨在1636年出现了第一份佛罗伦萨公报，但该报的史料未能保存下来；热那亚在1639年出现了第一份热那亚公报，该报的史料一直保存至今；米兰在1640年、博洛尼亚和都灵在1645年均开办了公报。早期的公报与书的样式类似，最常见的尺寸是15×23cm，有2页或4页。这些早期的报纸与手抄新闻、印刷的布告一样，都主要报道欧洲的政治和军事新闻，并且特别关注主要的政治人物，如英国的克伦威尔（Cromwell）[4]，法国的马萨里诺（Mazarin）[5]，杜伦尼（Turenne）[6]

---

[1] 刘笑盈. 中外新闻传播史 [M]. 北京：中国传媒大学出版社, 2017：91-92.
[2] 阿特休尔. 权力的媒介 [M]. 黄煜, 裘志康, 译. 北京：华夏出版社, 1989：10.
[3] 李彬. 全球新闻传播史：公元1500—2000年 [M]. 北京：清华大学出版社. 2009：36.
[4] 克伦威尔（Oliver Cromwell, 1599—1658），生于英国亨廷登郡，英国政治家、军事家、宗教领袖，是17世纪英国资产阶级革命的领袖人物，建立英吉利共和国，出任护国公，成为英国事实上的国家元首。
[5] 马萨里诺（Jules Mazarin, 1602—1661），法国政治家、外交家，路易十四时期任枢机主教。
[6] 杜伦尼（Henri de La Tour d'Auvergne, Visconte di Turenne, 1611—1675），法国波旁王朝的军事家，法国历史上六位大元帅之一。

等,消息从欧洲各个主要城市,如伦敦、巴黎、布鲁塞尔、马德里、安特卫普来到意大利的威尼斯,或者经过热那亚和佛罗伦萨到达教皇国,可见当时通过信息的传播,欧洲各地之间的联系已经愈加密切。

威尼斯一直是意大利报刊出版最活跃的地方,在1661年第1份定期印刷公报出现之前,就已发行了大量的印刷布告和外交文件副本,是意大利最重要的信息集散地。如今,在梵蒂冈的档案馆里,依然保留着米兰和博洛尼亚的一些公报,但保存数量最多的意大利报纸则是热那亚的《诚实报》(*Il Sincero*)和都灵的《世界要闻》(*I Successi del Mondo*)。

《诚实报》是1646年意大利人卢卡·阿萨里诺(Luca Assarino)在热那亚创建的一份报纸。卢卡·阿萨里诺曾经是一位商人,一位多才多艺的作家,能够在热那亚的议会、巴黎和都灵的宫廷之间游刃有余,在当时的报刊界,他第一个树立起了报纸的专业形象。

另一份报纸《世界要闻》得到了意大利西北部的撒丁王国①的支持。1645年,撒丁王国采取特许经营制度,授予教士彼得·索其尼(Pietro Socini)发行周报的特权,期限为五年,该报命名为《世界要闻》,这是意大利定期印刷报刊的最早记录。

这两份报纸持续发行了三十年,都受到当地政权的扶植,实行亲法的对外政策,深受法国政府的影响②。

17世纪后半期,出现了期刊和8页的报纸,销售地点常常是印刷厂和书店的作坊,在这里形成了最初的长期订阅者。

18世纪后,意大利的报刊业发展渐渐落后于西欧各国,文艺复兴的光辉渐渐暗淡,英国、法国、西班牙等国家崛起,而意大利仍然处于分裂的乱世

---

① 撒丁王国(Regno di Sardegna, 1720—1861),其领土范围大致包括意大利西北部的皮埃蒙特大区和撒丁岛,首都为都灵,它是当时意大利经济最发达、实力最强的王国,于1861年最终实现了意大利的统一,建立意大利王国,并迁都罗马。
② BARDUCCI M. Oliver Cromwell, European historical myth? The case of the Italian States in seventeenth-century representations of Cromwell[J]. The seventeenth century, 2008, 23(1): 54-71.

中，国土被外族占领，各地方政权纷纷依附外国势力，国家统一之路曲折而漫长。随着法国启蒙主义思想在欧洲传播，轰轰烈烈的法国大革命刺激了欧洲各国的封建君主，拿破仑的铁骑沉重打击了欧洲的封建制度，意大利此时也深受法国革命思想的鼓舞，民族意识觉醒并渐渐高涨，涌现出许多民主意识的刊物，宣传革命思想、呼吁民族统一。

1764年，意大利的米兰和布雷西亚市，彼得·维里（Pietro Verri）、亚历山大·维里（Alessandro Verri）和切萨雷·贝卡利亚（Cesare Beccaria）将法国狄德罗（Denis Diderot）的《科学、美术与工艺百科全书》中的启蒙主义讲稿译为意大利语，并刊登在报纸《咖啡》（*Il Caffè*）中，迅速吸引了米兰和威尼斯的众多市民，报纸《咖啡》因支持革命和唤起民族意识的觉醒而成为意大利宣传启蒙主义思想的最主要的阵地。

1789年法国大革命爆发，8月26日法国颁布《人权宣言》，其中第11条规定："自由交流思想与意见乃是人类最为宝贵的权利之一。因此，每一个公民都可以自由地言论、著作与出版，但应在法律规定的情况下对此项自由的滥用承担责任。"这是法律上第一次在保护自由的同时对滥用自由也做了相应的限制。此时意大利各地受此影响出现了更多的报纸，读者也开始增加，如佛罗伦萨的《环球公报》（*Gazzetta Universale*），威尼斯的《世界新闻》（*Notizie del Mondo*）、《威尼托城市公报》（*Gazzetta Urbana Veneta*），博洛尼亚的《博洛尼亚公报》（*Gazzetta di Bologna*），罗马的《政治新闻》（*Notizie Politiche*）等，其中《威尼托城市公报》是第一个以城市新闻为主的报纸。

1796年，拿破仑占领米兰，创办《意大利军事邮报》（*Corriere Militare d'Italia*），传播了法国革命思想。此后三年间，在法国的影响下，米兰成为意大利的出版中心，诞生了40多种报纸，热那亚约有20种，威尼斯、罗马和那不勒斯有10多种，这些报刊逐渐影响公众舆论，使意大利的团结和统一成为人民共同的话题。

此时，意大利各地出现了最初的政治报纸。米兰最先出现了著名的《意大利监督报》（Monitore Italiano），紧随其后在威尼斯、佛罗伦萨、罗马和那不勒斯都出现了一系列的"监督报"，其中《罗马监督报》（Monitore di Roma）属于共和派和温和派，《那不勒斯监督报》（Monitore Napoletano）属于雅各宾派。此外，还有介于温和派和民主派之间的《博洛尼亚监督报》（Monitore Bolognese），摩德纳的共和派报纸《共和报》（Giornale Repubblicano），热那亚的民主派报纸《热那亚国民公报》（Gazzetta Nazionale Genovese）。

1799年，法国军队遭到奥地利军队的进攻，被迫撤出意大利，奥地利占领了意大利北部，导致意大利所有的民主派报纸除仅剩的一家《博洛尼亚公报》（Gazzetta di Bologna）外，均被关闭。此时，意大利北部经历了更为严苛的出版审查制度，比如不得攻击宗教信仰、不得危害公共秩序、不得诋毁他人等。之后拿破仑再次从奥地利手中夺回意大利北部，意大利的报刊出版业才有所改观，取消了审查制度，并且许多政治报纸效仿《巴黎监督报》（Moniteur di Parigi），每周出版两次。

1805—1815年，米兰的贵族梅尔齐（Melzi）指定文森佐·库克（Vincenzo Cuoco）[①]创办报纸《意大利报》（Giornale Italiano），并与其签订合同，由政府支付文森佐·库克和两位编辑、草稿校对员的工资，其余的费用由印刷商费德里科·阿涅利（Federico Agnelli）承担。该报纸创办的目的就是要向公众宣传并构建一个统一民族国家的意识。

女性刊物在这个阶段也有发展，比如1804年在米兰由卡罗利娜·拉塔提（Carolina Lattanti）和朱赛佩·拉塔提（Giuseppe Lattanti）创办的《女士邮报》（Il Corriere delle Dame），有8版，每一期都有时尚的模特画片和一周发生的要闻简讯，此外，还会刊登各种逸闻趣事、道德小品文、戏剧、诗歌、字谜游戏等，甚至刊有对女性在社会上的言谈举止、抚养子女等方面问题提出的建议。

[①] 文森佐·库克（Vincenzo Cuoco），19世纪意大利的政治家、历史学家、小说家、记者。

19世纪初，在意大利还没有形成一个真正的政治报刊行业结构，新思想主要在文学和文化领域传播，最初几年争论的中心就是倾向于自由主义原则的浪漫主义者与古典主义者之间的辩论。

1816年，在奥地利的推动下，《意大利图书馆》（*Biblioteca Italiana*）在米兰诞生了，这是一本古典主义者和亲政府派主办的月刊，奥地利此举是为了争取文化界的知识分子的同情，或至少降低他们对奥地利的抵触和憎恶，然而这却引起了浪漫主义者和古典主义者之间一场激烈的大争论，不久后该杂志停刊。与该期刊对立的是一个重要的周刊《调解人》（*Il Conciliatore*），它于1818年在米兰创刊，这里是浪漫主义者的阵营，然而发行不久后却在奥地利的压力下停刊。

19世纪20年代起，民族复兴运动在意大利渐渐兴起，一些爱国主义者纷纷创建报刊宣传民族意识、号召实现民族独立、祖国统一。最初，意大利的地下革命组织"烧炭党"①秘密发行报纸《启蒙者》（*L'illuminatore*），鼓吹打击教皇的世俗权力，要求建立自由统一的君主立宪制国家。

1921年，佛罗伦萨一位颇有文化修养的富商吉安·彼得·维乌塞乌克斯（Gian Pietro Vieusseux）创办了一本月刊《科学、文学、艺术报选集》（*Antologia, Giornale di Scienza, Lettere ed Arti*），通过政治和文化活动形成公众舆论向政府施压以推动改革，此举成效显著。维乌塞乌克斯的合作者遍及全国各地，其中包括意大利统一运动三杰之一的朱赛佩·马志

图1.6　马志尼

---

① 19世纪早期成立的意大利资产阶级秘密革命团体，民族主义政党，主张驱逐在意大利的外国势力，建立独立、统一的民族国家，对意大利的统一发挥了重要作用。

尼（Giuseppe Mazzini）。紧随佛罗伦萨，意大利其他城市也相继出现一些革命报刊，如热那亚的《热那亚指引者》（*L'Indicatore Genovese*）、利沃诺的《利沃诺指引者》（*L'Indicatore Livornese*），年轻的马志尼和他的朋友们在这两份报纸中发表措辞激烈的文章，挑起了与保守主义者和反对革命者的激烈论战。但很快，这些报纸遭到统治当局的施压而停刊，马志尼流亡马赛。1832年，马志尼在马赛建立了秘密革命组织"青年意大利"（Giovane Italia），并创办同名机关刊物，虽然该刊物发行时间不长，但是宣告了马志尼派的报刊开始参与到政治斗争中。

彼时，轰轰烈烈的现代化进程正在从英国向欧洲大陆蔓延，蒸汽机、铁路、电力逐渐走进人们的生产和生活，改变了世界的面貌，报刊也从最初的电报文字向照片发展。1834年，意大利撒丁王国的国王卡尔洛·阿尔贝托（Carlo Alberto）[①]将官方公报《皮埃蒙特公报》（*Gazzetta Piemontese*）由每周出版三期改为每天出版，并批准将双缸蒸汽印刷机引入都灵，虽然此报纸已经比伦敦的《泰晤士报》采用蒸汽印刷机晚了整整20年，但依然从技术上极大地推动了意大利报刊出版业的发展。

图1.7 卡尔洛·阿尔贝托

意大利的报刊开始效仿伦敦的《便士杂志》[②]（*Penny Magazine*），

---

① 卡尔洛·阿尔贝托（Carlo Alberto，1798—1849），属于撒丁王国萨沃伊家族，曾于1831—1849年在位，思想开明，努力推动经济和社会的发展，使撒丁王国成为先进思想传播的中心，成为实现意大利统一的主要力量。退位后，其子继承王位，是大名鼎鼎的维托里奥·埃马努埃莱二世（Vittorio Emanuele II），他成功实现了意大利的统一，是统一后意大利王国的第一位国王。

② 《便士杂志》，是由查理·奈特（Charles Knight）在伦敦创办的廉价大众期刊，1832—1845年发行，目的是传播知识，特别关注动物，使用大量图片，发表一些与动物相关且集知识性和趣味性于一体的文章。此后，饲养宠物成为中等阶层身份的象征，可见廉价大众期刊带来的广泛的社会影响力。

采用大量图片，出版了《剧院大全：舞台布景与百科全集》，每一期有16版，类似今天的小报，包含12—20幅图片，由于该报的经理大卫·贝特洛提（Davide Bertolotti）旗帜鲜明地宣布远离政治，使得该报大获成功。此后，意大利出现了最初的大众报刊，最重要的是1837年由洛伦佐·瓦莱里奥（Lorenzo Valerio）在都灵创办的《大众阅读》（*Letture Popolari*）。

1846年都灵出现了两份期刊，一个是文化类月刊《意大利选集》（*L'Antologia Italiana*），它得到了撒丁王国首相加富尔的支持；另一个是更商业化的带有图片的周刊《插图世界》（*Il Mondo Illustrato*）；在热那亚出现了两份共和派日报，分别是戈弗雷多·马梅利（Goffredo Mameli）①主编的《人民日记》（*Diario del Popolo*）和马志尼主编的《人民的意大利》（*L'Italia del Popolo*）。这些报刊主要宣扬爱国者们的号召，希望撒丁王国能完成意大利统一的伟大事业。

图1.8　加富尔

1847年3月至1848年3月，出版业迎来了一次重要的转折。1848年3月4日，国王卡尔洛·阿尔贝托签署法令，实行君主立宪制，该法令效仿1830年的《法国宪章》，具有宪法的性质，成为意大利统一后的宪法蓝本，其中第28条规定"La stampa sarà libera, ma la legge ne reprimerà gli abusi（新闻

---

① 戈弗雷多·马梅利（Goffredo Mameli, 1827—1849），意大利爱国诗人、作家，民族复兴运动的重要人物，在抵抗法国军队的战斗中英勇牺牲。他创作的爱国诗篇《意大利之歌》后被谱曲，命名为《马梅利之歌》，激励了无数爱国人士为意大利的民族解放和独立统一而不懈奋斗，在1946年6月2日，意大利共和国成立后，《马梅利之歌》被定为意大利国歌。

是自由的,但法律将限制滥用自由①)"。这是首次在意大利以法律的形式保障了新闻自由。

在意大利独立战争期间,出现了一份真正有代表性的新闻日报《人民公报》(*Gazzetta del Popolo*),报纸售价低廉、开本小,刊登许多及时的新闻,语言风格朴素、简明清晰,评论直接明了,主要倾向是提倡自由主义和反对教权,它的口号是:"Italia unita sotto la monarchia dei Savoia con Roma capitale(在萨沃伊家族王朝君主制下以罗马为首都的统一的意大利②)"。

由于撒丁王国与法国接壤,受法国新文化、新思想影响较大,因此其首府都灵成为意大利新文化、新思想的中心。19世纪50年代,在首相加富尔的支持下,《人民公报》和《观点报》(*L'Opinione*)成为发行最广的报纸,并渐渐有了现代报纸的模样。当时意大利的识字率并不高,文盲约占全国人口的75%,大约有2500万人,因此《人民公报》能够达到10000份的日发行量已是一个绝无仅有的成功,其余的报刊平均日发行量仅为2000份左右。这些报纸主张反对教权,刊登更多新闻,开展人民运动。尤其是《人民公报》,已隐约展现出我们今天所理解的信息和观点大量传播的现代日报的雏形。

19世纪50年代还出现了晚报的最初尝试——《黄昏之星》(*Espero*),以及幽默周刊《帕斯奎诺》(*Pasquino*)。

1852年年底,都灵和巴黎之间建立起了电报局,这使得巴黎的信息很快就可以传到都灵,这是加富尔为加强与法国的联系而想出的主意,客观上加速了信息的传播,有利于报刊业的发展。

此时,意大利还有一些报纸刊物:热那亚的《圣乔治报》[(*Il San Giorgio*),后改名为《民族报》(*La Nazione*)],该报追随加里波第而对马志尼颇有微词;米兰尽管承受着奥地利的强大压力,还依然坚持发行政府的官方报纸《米兰公报》(*Gazzetta di Milano*),其余的报纸还有《新杂闻报》

---

① 作者译。
② 作者译。

周刊（*Nuovo Emporio*，1856—1860），主要报道社会新闻，包括犯罪新闻，还有两份发行时间很短的幽默文学周刊《石头人》（*L'Uomo di Pietra*）和《刺棒》（*Il Pungolo*），以及文学周刊《黄昏》（*Il Crepuscolo*）。

第四节　意大利统一后的报刊业

撒丁王国的国王维托里奥·埃马努埃莱二世（Vittorio Emanuele II）在首相加富尔的支持下，经过一系列政治、外交、军事上的努力，终于收复包括西西里和那不勒斯的大部分领土，于1861年建立了意大利王国，基本实现了意大利的统一。之后，他借助普鲁士和奥地利之间的战争，收复了被奥地利占领的领土，于1870年完成了最后的统一。

这段时期，意大利发行了许多报纸，但持续时间都不长，由于历史

图1.9　维托里奥·埃马努埃莱二世

传统和经济发达，北方依然是意大利报刊业的中心，其次是中部的罗马，而南部则相对落后。

1865年，《太阳》（*Il Sole*）日报在米兰诞生，这是意大利第一份经济、贸易、金融日报，它的创办与伦巴第大区日益蓬勃发展的工商业有密切的关系。1866年《世纪报》（*Il Secolo*）创刊，开启了意大利报纸的创新道路，该报提出办报的三项基本原则：坚持民主政治路线；增加城市新闻报道，包括让贫民发声；效仿拿破仑三世统治时期法国的畅销报纸的模式，刊登连载小

说和各种文艺专栏以吸引读者。

在意大利王国迁都佛罗伦萨后,都灵失去了往日的辉煌和地位,包括斯蒂法尼通讯社、《观点报》、《权利报》(Il Diritto)、《和谐报》(L'Armonia)在内的许多报纸也都随之从都灵迁到了佛罗伦萨。其他城市的主要报纸有:1859年发行于佛罗伦萨的《民族报》(La Nazione);热那亚发行量最大的《热那亚公报》(La Gazzetta di Genova);在意大利南部发行的《西西里报》(Il Giornale di Sicilia),该报起初是民主派的言论阵地,后变为亲政府派,这份报纸标志着阿尔蒂佐内(Ardizzone)家族开始涉足出版业,直到今天这份报纸依然属于该家族;1861年发行于罗马的《罗马观察者》(Osservatore Romano),该报成为罗马天主教会的官方发声机构。

1870年后,许多报纸为了平衡支出,开始利用广告来赚钱,主要是药品广告。阿提里奥·曼佐尼(Attilio Manzoni)看到了其中的商机,成立了第一家广告特许经营公司,成为报纸与广告客户的中间人。这个著名商人的另一个精明的点子就是刊登死亡讣告。

19世纪70年代起,意大利报刊业诞生了一些至今依然占据重要地位的报纸。1876年3月5日,《晚邮报》(Corriere della Sera)在米兰创刊,这是一份下午报,由那不勒斯的一名记者欧金尼奥·托雷利·威奥利耶(Eugenio Torelli Viollier)白手起家创办,他希望办一份右派的报纸,但是很可惜,报纸创办仅13天就发生了议会革命,右派政府被推翻,由左派的阿格斯蒂诺·德普雷迪斯(Agostino Depretis)①组阁。这对一个新生的右派报纸来说有很大打击,该报最初的五年非常艰难,曾多次面临停刊的风险。这期间《世纪报》依然是销量最多的报纸。

《晚邮报》的转机发生在1882年,威奥利耶决定改版,出版6个版面的报纸。1885年,《晚邮报》再次抓住时机,获得棉纺厂主贝尼尼奥·克莱斯皮

---

① 阿格斯蒂诺·德普雷迪斯(Agostino Depretis),意大利前总理,政治家。

图1.10 《晚邮报》

图1.11 《周日邮报》

（Benigno Crespi）的资金支持，成功建立了一个拥有两台转轮印刷机的新生产线，使得《晚邮报》可以发行三个版本——早报、下午报和晚报，同时拥有了自己的电报设备，扩大了编辑部的规模，拥有16位编辑。从此，商业资本逐渐涉足报刊出版业，报社开始实行企业化管理，克莱斯皮后来被评价为"意大利第一个不把一家日报的所有权看作是政治讲坛，而看作是利润的来源和公众的一种责任的出版商"①。

1900年，在威奥利耶去世后，路易吉·阿尔贝蒂尼（Luigi Albertini）接任报社社长，他采用美国的办报模式，改革《晚邮报》，理顺内部组织机构，使其成为意大利最有影响力的商业报纸，同时该报社也成为一个出版多种刊物的企业集团，除发行《晚邮报》和《周日邮报》（*Domenica del Corriere*）外，还有1901年创办的月刊《阅读》（*La Lettura*）、1903年创刊的《小说月刊》（*Romanzo Mensile*）和1909年创刊的《儿童邮报》（*Corriere dei Piccoli*）。1902年，该报社的刊物日发行量超过10万份。1904年，报社迁入索菲里诺（Solferino）街的新址，这里配有最先进的印刷设备，同年成为意大利报刊发行量最大的报社。1915年，该社报刊总的日发行量超过100万份②。

1878年，一个年轻的记者路易吉·切萨纳（Luigi Cesana）在罗马创办《信使报》（*Il Messaggero*），该报属于大众报纸，走自由民主路线，支持利比亚战争和意大利向奥地利宣战，因报道大量的地方新闻而大获成功。

1885年，都灵的《人民公报》（*La Gazzetta del Popolo*）改组整顿，《皮埃蒙特公报》（*La Gazzetta del Piemontese*）紧随其后，在1895年改为《新闻报》（*La Stampa*）。1900年，阿尔弗莱德·弗拉萨蒂（Alfredo Frassati）成为该报的所有者和经理，他吸取德国报纸业的经验，带领《新闻报》走向成功，其本人也成为意大利新闻史上的重要人物。

---

① 沃克.报纸的力量——世界十二家大报［M］.苏潼均，诠申，译.北京：新华出版社，1987：151.
② 陈力丹.世界新闻传播史［M］.3版.上海：上海交通大学出版社，2016：124.

1885年，博洛尼亚出现了一种廉价报纸《零钱报》(*Il Resto del Carlino*)，这份报纸名称中的"carlino"是指10分钱的硬币，因为它通常在烟草杂货店里出售，所以店主常常把这份报纸作为找零给前来买烟的顾客。它最初仅报道地方新闻，有民主倾向，后经过报社经理阿米尔卡雷·扎莫拉尼(Amilcare Zamorani)的改革，成为意大利现代化程度最高的报纸之一，并且得到19世纪意大利最重要的几大文豪的支持，如约书亚·卡尔杜奇(Giosuè Carducci)[1]、乔瓦尼·帕斯卡里(Giovanni Pascoli)[2]、加布里埃尔·邓南遮(Gabriele d'Annunzio)[3]。

　　1886年，热那亚的《十九世纪报》(*Il Secolo XIX*)诞生，该报因广泛报道拉丁美洲的新闻而使销量迅速上涨。1897年，热那亚的安萨尔多(Ansaldo)[4]造船和冶金集团老板费迪南多·玛丽亚·佩罗内(Ferdinando Maria Perrone)收购了该报纸。

　　1896年，意大利社会党机关报《前进报》(*L'Avanti*)在罗马创刊，社长是列奥尼达·比索拉提(Leonida Bissolati)，主编伊瓦诺埃·博诺米(Ivanoe Bonomi)[5]。该报在短时间内迅速成为影响最大的政党报纸，并在知识分子界吸引了为数众多的忠实读者，其早期订阅者中包括贝内代托·克罗齐

---

[1] 约书亚·卡尔杜奇(Giosuè Carducci, 1835—1907)，生于托斯卡纳，意大利诗人、文艺批评家，主要作品有《新诗集》《野蛮颂》，1906年获诺贝尔文学奖。父亲是烧炭党秘密成员，对他的思想影响较大。他曾热情支持过马志尼领导的意大利民族解放运动，被誉为意大利民族诗人。
[2] 乔瓦尼·帕斯卡里(Giovanni Pascoli, 1855—1912)，意大利诗人、文学评论家，主要作品有《怪柳集》《意大利颂》《颂诗和赞美诗》等，他的抒情诗具有现实主义的风采。
[3] 加布里埃尔·邓南遮(Gabriele d'Annunzio, 1863—1938)，19世纪后期至20世纪前期意大利最富有艺术才华和政治影响的一位小说家、诗人和剧作家，才华横溢且多产，主要作品有诗集《新歌》《赞歌》、剧本《死城》《春日之梦》、小说《欢乐》《死亡的胜利》《无辜者》等。
[4] 安萨尔多(Ansaldo)，意大利一家拥有150多年历史的工业集团，经营范围包括重工业研发和制造，在能源、自动控制、运输领域有丰富的经验。
[5] 伊瓦诺埃·博诺米(Ivanoe Bonomi, 1873—1951)，生于曼托瓦，意大利社会党改良派领袖，主张改良主义和温和主义，支持意大利入侵利比亚、参加一战，1909年成为众议员，1921年在联合政府中担任意大利总理。

（Benedetto Croce）[①]。之后在1912—1914年，墨索里尼成为该报的主编。

图1.12　《前进报》

与《前进报》同年诞生的是米兰的另一份非常重要的报纸——《体育报》。最初该报主要关注自行车运动，从1908年起，由于环意大利自行车赛的成功举办，该报改为每周三期，并独树一帜地采用桃红色新闻纸。1919年，拥有该报纸的松佐尼奥（Sonzogno）出版社将其改为日报。至今，该报依然是意大利最重要、发行量最大的体育报，它也成为意大利报业的一大特色。

图1.13　《体育报》

19世纪末20世纪初，天主教报纸也在蓬勃发展，一些较有影响力的报纸有米兰的《天主教观察者报》（L'Osservatore Cattolico）、博洛尼亚的《未来报》（L'Avvenire）、布雷西亚的《市民报》（Il Cittadino）和贝加莫的《贝加莫回声报》（L'Eco di Bergamo），在这些报纸里，人们对于天主教是否应该参与公共生活以及介入一些社会问题进行了充分而热烈的讨论。

随着报纸数量的增加，商业资本的融入，报纸之间的竞争也日趋明显和激烈。1900—1901年，意大利报刊业的三大龙头——北方由路易吉·阿

---

① 贝内代托·克罗齐（Benedetto Croce, 1866—1952），意大利著名历史学家、美学家、哲学家、文学评论家，意大利文化界反法西斯"旗手"，主要著作有《精神哲学》《历史学的理论和历史》《美学理论》《美学纲要 美学精要》《十九世纪欧洲史》等。

尔贝蒂尼（Luigi Albertini）领导的米兰《晚邮报》、由阿尔弗莱德·弗拉萨蒂（Alfredo Frassati）领导的都灵《新闻报》，中部由阿尔贝托·贝贾米尼（Alberto Bergamini）领导的罗马《意大利日报》（*Giornale d'Italia*）。它们开启了出版业发展的特殊时期，新闻评论也开始获得关注并日渐成为报纸的重要板块。

弗拉萨蒂采用德国的办报模式，印刷设备性能稳定、新闻覆盖全区甚至地方市镇，因此享有极高的声望。他领导的《新闻报》和《人民公报》在地方新闻、司法新闻、海外服务、政治路线等多个领域展开竞争，前者是自由主义改良派和工业民主派的支持者，与北方日渐成熟的新思想和都灵不断发展的工业不谋而合；后者则更接近民族保守主义立场。

《新闻报》和《晚邮报》在文化版面的主要竞争者是贝尔贾米尼领导的《意大利日报》，贝尔贾米尼将第3版专门设为"文化专栏"，引入美国化的办报模式，将最吸引人的新闻和文章放在第1版，如海外新闻、丰富的本地新闻、采访、对读者的民意测验等。最初，《晚邮报》的文化专栏在头版的最右栏并要下转第2版的位置，后来文化专栏变成了它最有名、最让读者期待的内容，因为有多位当时的重量级作家为文化专栏供稿，比如：加布里埃尔·邓楠遮、路易吉·皮兰德娄（Luigi Pirandello）[①]和意大利著名诗人弗朗切斯科·帕斯托基（Francesco Pastonchi）。

20世纪初，意大利约有3200万人口，其中大约48.7%的人是文盲。米兰的人口约为49万，罗马约为46万，那不勒斯约50万，因此报纸的销售竞争激烈，这使得报纸开始转变思路，谋求向中小市镇发展，发行地方报以扩大读者群体和销售量。

电报技术的普及使信息的传播更为迅速，而电话的出现则使新闻更具时

[①] 路易吉·皮兰德娄（Luigi Pirandello, 1867—1936），生于西西里岛的阿格里真托（Agrigento），意大利小说家、戏剧家，他受到真实主义的影响，主要作品有长篇小说《已故的帕斯卡尔》、戏剧《六个寻找作者的剧中人》《亨利四世》等，1934年因戏剧创作的卓越成就获得诺贝尔文学奖。

效性。在1902年至1903年间，米兰至罗马、米兰至巴黎之间的长途电话投入使用，技术的进步再一次为报纸业的发展注入新的动力。然而相比其他欧洲国家，意大利的技术进步还是相对慢的，并且大部分集中在米兰。工业化的进程要求报纸有更广阔的市场，需增加版面、丰富内容、追求更多的广告收入，这推动着报刊业的整合兼并，报刊企业至少要拥有一份日报或一至两份期刊。在这个进程中，报纸的版面、结构也都发生了变化，逐渐倾向于版面更大，每版面有五栏。

1906年，当大部分报纸都是6个版面的时候，实力最强的《晚邮报》进行了大刀阔斧的改革，取消发行周一早报，开始在每周出几次8个版面的报刊，并且按照话题分类，每版有固定类别标题，如城市新闻（其中诉讼类的新闻占据了很大版面），还有剧院信息、最新消息、报纸杂志新闻汇编、小说副刊等，并不定期地报道体育新闻。该报对头版进行了风格和形式上的改革，不再将头版作为"橱窗版面"，即不再把报纸中各类重要的新闻都展示在头版，而是采用伦敦《泰晤士报》、巴黎《晨报》的模式，在头版仅刊登最重要的政治新闻和政治走向信息，或者刊登文化类新闻提示语，而当版面充足时，会刊登特派记者的专稿消息。

报社的结构也在发生变化，责任划分、管理层级更清晰，更适应现代新闻业的行业发展特点。报社设立社长、主编，社长就像君主，而主编就是首相、总管；特派记者增多，他们慢慢变成了新闻业的明星；刊登戏剧与文学批评文章。同时，意大利的报纸业不再区分国内外新闻，任何一家报纸都可以报道国内外的所有新闻；另外，摄影技术的广泛应用逐渐取代了插画设计。

这一时期成长起来一批家喻户晓的重要记者，主要有：路易吉·艾依纳乌迪（Luigi Einaudi）、弗朗切斯科·萨维里奥·尼蒂（Francesco Saverio Nitti）、朱赛佩·安东尼奥·博尔盖塞（Giuseppe Antonio Borghese）等。

进入20世纪，随着意大利众多报社的蓬勃发展，主要报社的社长们希望将新闻业打造成一个更具有专业性的行业，因此在1908年，他们联合一些主要的政治家，其中包括社会主义改良派和天主教自由派的领袖，共同成立了意大利全国新闻界联合会（Federazione Nazionale della Stampa Italiana, FNSI）。1911年，编辑、记者的第一份全国劳动合同签订，对新闻工作的各个领域都做了较为详细的界定和规范，如记者的职业内容、合同的期限、解除劳动合同的赔偿等都有清晰的规定，要求在合同中对编辑、通讯记者、通讯社进行明确的定位。

报刊业渐渐与经济、政治产生了千丝万缕、错综复杂的联系。罗马的《论坛报》（*La Tribuna*）是意大利发行量最大的报纸之一，但一度陷入因财务赤字导致的破产边缘，后来由意大利商业银行、意大利银行和一些冶金业、制糖业工业巨头出资，报社才得以维持运转。当时，意大利仅有三份报纸发行量达到10万份，即《世纪报》《晚邮报》《论坛报》，大部分报纸的经营非常困难，有的售价甚至低至5分钱，如果没有广告收入，则入不敷出。

在乔瓦尼·焦利蒂（Giovanni Giolitti）①政府时期，报纸表现出清晰的政治倾向。左派报纸有1902年在米兰发行的《时报》（*Il Tempo*）、1903年在热那亚创刊的《劳动报》（*Il Lavoro*）。天主教报纸有1903年在都灵创办的《时刻报》（*Il Momento*）和1906年在罗马创办的《意大利邮报》（*Corriere di Italia*）。支持焦利蒂的报纸有：《意大利日报》《晨报》《十九世纪报》《新闻报》和《论坛报》等。阿尔贝蒂尼领导的米兰《晚邮报》一向属于右派，在20世纪的最初15年中，他一直是焦利蒂政府的反对派，反对焦利蒂政府的人主要还有加埃塔诺·撒厄维米尼（Gaetano Salvemini）和加埃塔诺·莫斯卡（Gaetano Mosca）②，前者在1911年创立了周刊《团结报》（*L'Unità*），后者是《世纪报》最权威的合作撰稿人。

---

① 乔瓦尼·焦利蒂（Giovanni Giolitti, 1842—1928），意大利政治家，曾任意大利众议员、财政部部长、内政部部长，在1892—1921年，五次出任意大利总理。他努力通过改革推动社会进步和发展，对罢工持宽容态度，对法西斯最初持接纳、容忍的态度，后转变为反对态度。
② 加埃塔诺·莫斯卡（Gaetano Mosca, 1858—1941），生于西西里，都灵大学教授，意大利著名政治社会学家，曾担任参议员，主要著作有《论政府理论和议会制政府》、《统治阶级》（又译《统治科学原理》），系统提出了著名的统治阶级论，被认为是民主精英理论创始人之一。

一战期间，意大利报纸的政治倾向更加清晰，支持参战的有《晚邮报》《人民公报》《零钱报》《信使报》；民主派的有《世纪报》《小公报》；改良主义的有《劳动报》；中立态度的有《新闻报》《论坛报》《民族报》《晨报》。

一战后，报刊业的发展经历了三个阶段：爱国主义阶段、政治危机阶段和力量神话阶段。《晚邮报》登上了意大利报纸发行量第一的位置，日发行量达到50万份，《新闻报》位居第二，日发行量达到20万份。

一战前后，报业集团初见雏形，并与工业产业集团联系更为紧密。佩罗内（Perrone）家族已经拥有了《十九世纪报》，又将《信使报》收入囊中；墨索里尼1914年在米兰创办的《意大利人民报》（Popolo d'Italia）因经济状况困窘，得到了几家大的工业集团的帮助，如意大利军工武器集团布雷达（Breda）、钢铁集团伊瓦（Ilva）、最大的制糖业食品集团艾力达尼亚（Eridania）等。1918年，墨索里尼还与佩罗内家族达成协议，《意大利人民报》获得了佩罗内家族的贷款支持，变成了一个"战斗者和生产者"的日报，鼓吹法西斯主义。

1908年，罗马银行副总裁乔瓦尼·格拉索利（Giovanni Grosoli）伯爵积极地推动组建罗马出版公司，并试图建立一个真正的天主教出版业"托拉斯集团"。1916年，他将所有天主教报纸整合，成立一个新的公司：意大利新闻业联盟（Unione Editoriale Italiana），该联盟旗下拥有的重要的天主教报纸有：米兰的《意大利报》（L'Italia）、罗马的《意大利邮报》、都灵的《时报》和博洛尼亚的《意大利未来报》（L'Avvenire d'Italia）。

这一时期意大利政坛上主要的政党有共产党、社会党和法西斯党，各政党报刊主要有共产党的《新秩序报》（Ordine Nuovo）、《劳动者报》（Il Lavoratore）、《共产主义报》（Il Comunista）；社会党的《前进报》、《共和国之声》（La Voce Repubblicana）、《正义报》（La Giustizia）；法西斯党的《意大利人民报》、《特里亚斯特人民报》（Il Popolo di Trieste）、《曼托瓦之声》（La Voce di Mantova）、《行动报》（L'Azione）。

1924年，一项由墨索里尼提请的限制新闻自由的法律实行，许多报纸不得不转入地下运行,一些知名报社的社长、编辑、记者被暗杀,新闻业进入了黑暗的法西斯统治时期。1925年,墨索里尼开始对新闻传播业全面实行法西斯独裁统治,将法西斯党内专制扩大到社会文化领域,主张"文化专制",意大利所有的报刊都必须宣传法西斯主义,并受到墨索里尼的严密监控。墨索里尼设立了一个新闻办公室,专门负责出台有关新闻出版行业的各项公告、通知,以及可公开刊登、出版的统一文本。此时期内,几家重要报纸的情况是:《晚邮报》最初支持法西斯党,后来转变为反对,1939年,伊德洛·蒙塔内利(Indro Montanelli)成为《晚邮报》的顶级记者;《新闻报》已属于菲亚特集团,墨索里尼非常关注阿涅利家族(Agnelli)[①]的各种举动;《零钱报》社长由墨索里尼直接指定为乔尔乔·比尼(Giorgio Pini);《晨报》和《罗马报》(Il Roma)在1930年都归属于罗马银行,而罗马银行早已是法西斯的拥趸。此外,甚至连最初以家族名义建立的私人性质的斯蒂法尼通讯社如今也归为国家管理,并于1922年改组为国家通讯社,完全被法西斯政权控制,未经审核批准不得擅自发稿。

1926年3月25日,依据政府第838号法令,法西斯政府建立了意大利国家记者救助协会[②],与报刊记者签订劳动合同,名义为保护记者的权益、为记者提供保护和救助,实际则是从法律和制度上控制记者的言行和发稿。同时设立记者名册,所有记者必须登记在册才可以从事新闻活动,并且规定,在注册前,记者要与一份报刊签订合法的劳动合同。

1930年,意大利出台了新的法律惩罚措施:对于通过出版方式进行的诬蔑等违法行为,将由报社的社长负更大的责任。这相对于1890年的扎纳德利法令(Codice Zanardelli),追责的范围大幅扩大了。

此时,都灵的《人民公报》(La Gazzetta del Popolo)率先引领了意大利

---

① 阿涅利家族1899年创立菲亚特汽车集团,如今菲亚特集团是世界上最知名的企业之一。
② Istituto Nazionale di Previdenza dei Giornalisti Italiani (INPGI),该机构经过改组后,现在依然是意大利最重要的为记者提供保护和救助的国家机构。

出版业的现代化进程，该报纸支持法西斯党，隶属于SIP集团，这是一个在电话和广播领域有重要影响力的半公开电子集团。其现代化进程主要体现在三个方面：技术、编辑出版和新闻内容。在技术方面，报社最主要的举措就是开始建立新址、更新设备（速度更快、可以彩印、提高图片加工技术），机械化的发展使得报刊发行速度更快。在编辑出版方面，现代化进程主要表现在报纸版面增加（有些报纸达到12版）、发行晚报、增加周一刊、将所有的体育新闻纳入特刊和促销活动。最后，在新闻内容方面，不论是全国性的还是地方性的日报，都对报纸版面内容进行了更系统的划分，更多地采用图片、横向拼版、用题目进行内容分割、扩大体育新闻版面，并不断追求通过在文化版刊登著名记者的文章来提高报纸的声誉，由此带来了文化版的繁荣时期，而《人民公报》也因此成为一份可供全家人阅读的周刊。

《新闻报》（*La Stampa*）在1929年至1932年间经历了三位社长：库尔茨·马拉帕特（Curzio Malaparte）、奥古斯都·图拉提（Augusto Turati）和阿尔弗莱德·西涅莱蒂（Alfredo Signoretti）。其中最后一位社长带领《新闻报》获得了成功，他效仿《晚邮报》，提高写作的质量和新闻的精准度，并且在文化版同著名的作家约稿，稿件内容广泛，主题涉及电影、时尚信息和人们关注的各种文艺活动，因此日发行量大增，达到50万份。

此时，意大利诞生了一些明显带有商业性质的新周刊，并且数量增长显著，主要是女性周刊、体育周刊、电影周刊和青少年周刊，但后来渐渐衰落，主要是由于安杰洛·里佐利（Angelo Rizzoli）和阿尔诺德·蒙达多利（Arnoldo Mondadori）所领导的两大集团带来了报刊业激烈的竞争，并对市场产生巨大冲击。彼时，市场一度被《周日邮报》（*Domenica del Corriere*）占据，该报日发行量达60万份。

1937—1939年，意大利诞生了两个时事类周刊：《慢车报》（*Omnibus*）和《时报》（*Tempo*）。《慢车报》由里佐利集团发行，莱奥·隆卡奈基（Leo Longanesi）创办并领导，共有16大版，为后来的《欧洲报》（*Europeo*）和《世界报》(*Mondo*)奠定了基础。

《时报》在1939年诞生于米兰,在阿尔诺德·蒙达多利(Arnoldo Mondadori)的领导下发行,其子阿尔贝托(Alberto)主管经营。该周刊主要关注生活方式、美国的生活,运用图片承担直接的信息传递功能。因此,后来在意大利出现了图片新闻和摄影记者。二战后,该报刊由蒙达多利转让给了社会主义者,阿杜罗·托法内利(Arturo Tofanelli)任社长。

第五节　二战后至20世纪末意大利报刊权利的回归

在经历二十年的法西斯统治和一场毁灭性的战争之后,意大利的反法西斯阵营不断壮大,一方面帕尔米罗·陶里亚蒂(Palmiro Togliatti)[①]创建了意大利共产党,在北方领导游击战,意大利反法西斯各党派在罗马成立了意大利民族解放委员会(Comitato di Liberazione Nazionale)[②];另一方面反法西斯活动也得到了教皇庇护十二世[③]的支持。随着盟军从西西里岛登陆并逐步向北推进,意大利的报刊逐渐摆脱了法西斯的控制,独立自主办报的模式开始回归。

最早摆脱法西斯当局控制而自主发行的意大利报纸是1943年8月1日卡塔尼塞塔的《西西里报》(*La Sicilia*)和同年8月6日在巴勒莫发行的《自由西西里报》(*Sicilia Liberata*),报纸一经上市就被人们一抢而空,但由于当时条件的限制,尤其是物资紧缺,报纸的发行仅能勉强维持。《西西里报》的发行

---

① 帕尔米罗·陶里亚蒂(Palmiro Togliatti, 1893—1964),政治家,意大利共产党创始人之一,前意共总书记,意大利工人运动和国际共产主义运动活动家,他领导的党团一直是意大利议会的第二大党,在他的领导下,意大利共产党成为资本主义国家最强大的共产党。
② 意大利民族解放委员会是意大利各反法西斯政党的联合领导机构,意大利法西斯政权向盟军投降后,由意大利共产党、意大利社会党、行动党、天主教民主党等政党于1943年9月9日在罗马成立该委员会,由博诺米任主席,领导人民继续开展反对德国占领军和墨索里尼傀儡政权的斗争,但因后期政见不合,逐渐解体。
③ 教皇庇护十二世,即埃乌杰尼奥·巴切利(Eugenio Pacelli),1939—1959年在位。

时断时续,《自由西西里报》则在英美盟军成立的心理战争部①的管理下发行到1944年6月。这份报纸只有意大利传统报纸的一半大小,仅有两版,分为五栏,售价60分,第一栏是英文新闻,主要是战事新闻的汇总简报;其余大部分版面都是七拼八凑的关于战争的信息。

随着盟军向北推进,意大利各个城市的报纸亦如雨后春笋般纷纷出现,但所有报纸都受到盟军心理战争部的控制,虽然该部多次发布公告称没有政治审查也没有新闻预审,但实际上,因为战争还没结束,报纸印刷所需的纸张和墨水都受到心理战争部的严格管控。

意大利第一份能够团结所有反法西斯力量,为自由而斗争的报纸诞生于那不勒斯。1943年10月4日,仅在德国法西斯被赶走四天后,《民族复兴报》(Il Risorgimento)开始发行,这次,意大利民族解放委员会使盟军指挥部明白,在意大利需要一种新的声音,一种新型的报纸。因此,所有曾经在那不勒斯发行的意大利报纸都团结起来,集中所有力量共同发行了这份新的报纸,甚至在此后8个月的时间里,这份报纸都是那不勒斯唯一的报纸。但由于城市受到战争的破坏,尤其是电力不足,报纸的发行也仅能勉强维持。

准确地说,此时意大利的报刊业并没有实现真正的自由,因为政府的审批制度依然存在,但是意大利的各个党派和政治团体却克服重重困难发行报刊,尤其是周刊,以期在政治博弈中获得最大的利益。各家报纸也渐渐呈现出不同的政治倾向,如巴勒莫的《西西里日报》(Giornale di Sicilia)表现出中间派和倾向于统一的政治立场;《西西里报》(La Sicilia)和《梅西纳消息报》(Notiziario di Messina)受到工商业的控制,倾向自由主义;巴里的《南方公报》(La Gazzetta del Mezzogiorno)由于受到以彼得罗·巴多里奥(Pietro Badoglio)②为首的民族解放委员会的压力,呈现出反法西斯和进

---

① 心理战争部[Psychological Warfare Branch(PWB)],是英美盟军为更好地管理和控制新闻出版和广播领域而建立的特别机构,其中主要是曾在意大利工作过的或意大利裔的英美记者。
② 彼得罗·巴多里奥(Pietro Badoglio, 1871—1956),意大利元帅,参加过一战和二战,因反对并推翻墨索里尼法西斯政府而著名,并与盟军签署停战协议,向德国宣战。

步的态度，但后来转变为温和派路线；南部发行量最大的《民族复兴报》(*Il Risorgimento*)由于受到原法西斯统治时期的报业老板的干涉，1944年5月12日在贝内代托·克罗齐(Benedetto Croce)的建议下，由反法西斯人士弗洛里亚诺·德拉·塞克洛(Floriano del Secolo)领导该报纸，并解除了原报业老板的所有职务，在塞克洛的领导下该报纸取得了新的成功，日发行量最高达到284,000份①。

总而言之，在战争接近尾声的时候，意大利各政治派别纷纷通过各种途径宣传自己的政治主张，在激烈的政治斗争中为自己争取一席之地。报刊作为当时最普遍的一种大众媒体，成为政党斗争的主要战场，政党报纸的编辑部常常由政治团体中的积极分子构成，他们缺少专业素质，但是却充满了政治狂热，这也使报刊与政治的联系愈加紧密。

二战后，米兰作为传媒出版业的中心，又有一些新的报刊诞生，如由里佐利集团发行、艾迪利奥·卢斯科尼(Edilio Rusconi)领导的《今日报》(*Oggi*)，有16小版，售价15里拉；由贾尼·玛佐奇(Gianni Mazzocchi)领导发行、阿里戈·贝内代提(Arrigo Benedetti)管理的《欧洲报》(*Europeo*)，《欧洲报》奉行自由民主的路线，采用地方新闻的行文风格来谈论政治，刊登调查类新闻，逐渐成为意大利新闻业的标杆性周刊。

1946年1月1日，盟军指挥部将行政权转交给意大利政府。作为意大利最大的政党，天主教民主党开始接手意大利广播电视公司；陶里亚蒂领导的共产党在罗马、米兰、都灵和热那亚四个城市发行了《团结报》(*L'Unità*)；彼得罗·南尼领导的社会党在罗马和米兰发行了《前进报》(*L'Avanti*)，在热那亚发行了《新劳动报》(*Il Lavoro Nuovo*)，在都灵发行了《永远前进报》(*Sempre Avanti*)。

1947年，意大利宪法获得通过，其中第21条即从法律上确定了人民的新

---

① MURIALDI P. La stampa italiana dalla liberazione alla crisi di fine secolo [M]. Roma: Editori Laterza, 2003: 12.

闻自由、言论自由，宪法规定所有人均有权以口头、书面及其他传播手段自由地表达其思想。1948年，意大利出版法的第47条规定出版报纸仅需完成规范的注册程序即可；明确主要责任人社长所需承担的广泛的权责；社长和主编不能为外国公民。第8条规定更正的权利；对于诽谤和损害他人名誉的惩罚尤为严重；对面向儿童的出版物、含有恐怖、惊悚内容的出版物制定了严苛的规定；将墙报也同样纳入报刊法律框架下管理。

1948年，联合国颁布《世界人权宣言》，规定人不仅有表达观点的自由，而且有获取和传递信息的自由。

国际和国内的形势让意大利的新闻出版业如沐春风，相继出现的报刊不胜枚举，如都灵的《人民公报》（*Gazzetta del Popolo*）、卡塔尼亚的《西西里报》（*La Sicilia*）等大大小小的全国性或地方性报刊。另外也出现了针对特定人群的女性、家具、时尚类周刊等。

第六节　意大利报刊业与战后政治、经济和文化

意大利的经济发展得益于战后美国"马歇尔计划"的援助和支持，经历了20世纪五六十年代高速发展的繁荣期后，意大利的经济增长逐渐放缓。与此同时，工会力量不断强大，工人运动兴起，罢工和抗议活动频繁，劳资双方的对抗愈加剧烈，这不可避免地使经济受到影响。在政治上，意大利中小政党众多，联合政府难以保持长期的政治稳定，因此政坛更迭不断，意大利社会进入了动荡期。

20世纪50年代到20世纪末的几十年中，意大利政治和经济的复杂情况对该国传媒领域产生了极大的影响，意大利的报业经历了极其频繁而剧烈的波动，不断有新的报刊诞生，又不断有报刊消亡。报刊业内部激烈的竞争和兼并收购、从业人员的变动、电视发展和普及对报刊业带来的冲击、政治因

素对报刊业的影响、报社经营上出现的赤字,这一切使报刊的生存环境变得愈加艰难。

彼时意大利发生了一些恐怖事件,即使时隔多年依然让人心有余悸。比如1969年12月12日发生在米兰的爆炸案。在米兰市中心广场教堂不远处,国家农业银行旁发生爆炸案,造成17人死亡,88人受伤。在调查过程中,又有人在警察局离奇死亡,让人们产生更多的疑惑和深深的不安。这些怀疑的声音不仅仅是通过左派报纸,如《快报》(L'Espresso)和《全景》(Panorama)传递出来的,还有自由派报纸米兰的《日报》(Il Giornale)、温和派报纸都灵的《新闻报》(La Stampa)等。记者们激烈的声音和激动的情绪甚至引发了对意大利共和国总统不信任的呼声,于是政府开始对新闻界施加压力。同年12月23日,米兰爆发了百余名记者要求新闻自由、抗议政府施压的活动。一个月后,罗马400余名记者集会进行民主记者运动,其中很多人是在意大利广播电视公司工作的。意大利的其他主要城市很快也跟随米兰和罗马掀起了抗议活动,要求意大利全国新闻界联合会主席和行业公会主席辞职,因为他们在面对政治压力时表现得太软弱。同时,米兰的《日报》主编努力对抗政府的压力,罗马的相关人士则积极寻求在意大利全国新闻界联合会内修改章程,为新闻从业人员在面对政治和社会问题时提供更明确的指导和保护,这个目标最终在1970年10月达成。

日益紧张的政治环境和恶化的经济态势,使报纸需要不断探索新的方式来维持生存。为了应对危机,报刊业开启了一场所谓的"出版业改革",这场改革由意大利全国新闻界联合会和工会组织共同推动,改革制定了反出版业兼并托拉斯(anti-trust)条款,重新确定了编辑、社长、出版方的关系,并规定一整套公共干预措施使报刊企业通过技术革新朝更健康的方向发展。

从1974年春天开始,报刊业迎来疯狂的买卖潮。日报社的财政赤字不断增长,甚至超过了一年1000亿里拉,而"新闻业改革"的条款又远远无法解决现实的问题,于是议会通过了一项新的法案,决定将向报业提供两年的资助,该法案从1975年起生效,同时首次在意大利提出要求发行商有义务公布每种报纸的预算。

此一时期,虽然报刊发行的范围在扩大,但发行数量还是增长缓慢,截至1972年,意大利报纸的平均日发行量仍未超过500万份,在全欧洲排名靠后。日发行量最大的是《晚邮报》,达到50万份,《新闻报》42万份,《信使报》27.4万份,米兰的《日报》24.4万份,《零钱报》21.8万份[①]。在周刊方面,《全景》的发行量超过了《快报》,位列第一,但两者差距不大,此后这两份周刊开启了长期的竞争和对决,常常是轮流登上销量榜榜首。

1974年,在新闻报刊领域发生了三件大事:一是蒙特爱迪生(Montedison)公司收购了《信使报》;二是米兰的《日报》从蒙塔内利集团(Montanelli)独立出来,成为《新日报》(*Il Giornale Nuovo*);三是里佐利集团(Rizzoli)决定收购《晚邮报》集团。《信使报》是罗马的一份重要的报纸,被收购后在新社长的领导下,将走上"中左派"路线。《新日报》在独立后声明将与《共和报》一样,做一份态度明确的政治报纸,不同的是《共和报》是中左派,而《新日报》走中右派的政治路线。最后,里佐利集团对《晚邮报》的收购是三件事中最为重大的。里佐利集团的收购,使得创立《晚邮报》的克莱斯皮(Crespi)家族完全丧失了对《晚邮报》的控股权,里佐利集团的老总安德烈·里佐利(Andrea Rizzoli)志得意满,终于实现了他父亲当年没能完成的愿望。里佐利集团三代经商,本已是一个庞大的出版业集团,旗下拥有众多期刊,此次并购更让它成为在欧洲屈指可数的超大型出版集团公司。

里佐利集团对《晚邮报》承诺将不会改变《晚邮报》的经营方针和政治倾向。事实上,里佐利集团确实表现出了专业发行者的形象,主要体现在三个方面:

首先,纯粹与专业。当时意大利各大商业集团都热衷于扩大规模,频繁

---

① MURIALDI P. La stampa italiana dalla liberazione alla crisi di fine secolo[M]. Roma: Editori Laterza, 2003: 186.

地兼并和收购股份,试图凭借强大的经济实力不断拓展自己的商业版图,而里佐利集团不为其他外部利益所动,仅仅专注于出版发行,这使它在出版领域愈发纯粹与专业,为自己树立了良好的口碑。

其次,现代化。里佐利集团年轻的老板安杰洛比他的父亲更有魄力,他反复强调要注重技术的更新,管理模式的现代化,这使得整个集团变得更有活力。

最后,和政党保持良好关系。里佐利集团与政党关系密切,尤其和对集团发展起重要作用的那些政党关系尤近,意大利共产党就是其中重要的一个。

虽然里佐利集团早已声明不改变《晚邮报》原有的中右派办报风格路线,但是编辑部的政党分歧日渐显现,外界的争议也层出不穷。但这一切都没能撼动《晚邮报》发行量稳居第一的地位。

1975年,是意大利经济衰退的一年。意大利国内采取特别措施打击恐怖主义,意大利共产党在政治选举中获得多个大区和主要大城市的支持,因此外界对《晚邮报》主编皮耶罗·奥托内(Piero Ottone)开始群起围攻。奥托内是在1972年3月开始,受《晚邮报》被收购前的东家克莱斯皮家族的委任担任《晚邮报》主编的,他奉行英美的新闻从业准则,认为"没有什么比真实更加重要……报纸应该让所有人都相信它,无论是什么政治颜色的读者……新闻的权力是一直存在的,是民主的,当行使新闻的权力是捍卫整个群体,而不是服务于某些集团的时候,这项权力是有益的"[①]。在克莱斯皮家族的支持下,奥托内踌躇满志,对《晚邮报》进行了大刀阔斧的改革,他的构想宏大、清晰,目标就是使《晚邮报》成为一个可信的报纸,哪怕是在政治对手的眼中,《晚邮报》的新闻也是值得信赖的。他希望《晚邮报》可以独立自主地发表观点、赞同或批评政府、可以接受来自不同领域的组织的诉求而不追随某个集团,总而言之,《晚邮报》要做有质量、有层次的新闻。他的改革和理念

---

① MURIALDI P. La stampa italiana dalla liberazione alla crisi di fine secolo [M]. Roma: Editori Laterza, 2003: 182.

对《晚邮报》的发展产生了积极并深远的影响,但却激起温和派、稳健派和极右势力越来越强烈的反感。这种反感在1975年更为激烈和尖锐,以至于8月25日,《全景》周刊将封面标题写为:"《晚邮报》是共产党吗?"

事实上,如果不带有任何偏见或先入为主的观点来读奥托内的文章,可以看出奥托内无非是希望政府在经济困难的时期能够更多地关注公众的利益,他的观点与一些大工业家的观点是相似的。可是因为报刊与政治、经济有错综复杂的关系,纠缠于激烈的政治斗争中很难独善其身,所以报刊即使想自由、客观、公正地表达观点,新闻报道也常常被加入政治色彩,所以报刊难以完全客观地将新闻传播出去。

此外,里佐利集团真正的麻烦是经济问题。安杰洛·里佐利已向工会说明了集团亏损的情况,1974年财政赤字达到100亿里拉,1975年将跃升到190亿里拉,劳动成本升高,人员冗余约500人。然而集团最终决定继续发展,扩大规模以吸纳更多的劳动力,这样的决定导致集团渐渐走向了破产的边缘。

1976年,里佐利集团试图进军电视业,希望开办一家全意大利语的海外电视台,但遭遇失败;收购那不勒斯最重要的日报《晨报》(*Il Mattino*),原股东阿菲达维特(Affidavit)公司虽然失去了这份报纸,却保留了社长任命的否决权,而这家公司恰恰是属于天主教民主党的,这给里佐利公司的运营和管理带来了许多隐患。同年,里佐利集团发行罗马版的《晚邮报》,并在每份日报中加彩页印刷的增刊,使成本大大上升,但销售却不及预期;接手管理《体育报》(*La Gazzetta dello Sport*),控股博尔扎诺的《上阿迪杰报》(*Alto Adige*)和特里亚斯特的《小报》(*Il Piccolo*)。不久后,里佐利集团又向新任意大利社会党秘书长克拉西(Craxi)伸出援手,帮助资金陷入困境的热那亚报纸《劳动报》(*Il Lavoro*);为了取悦天主教民主党的部长托尼·比萨亚(Toni Bisaglia),创办《帕多瓦回声》(*L'Eco di Padova*);为讨好另一位天主教民主党的官员弗拉米尼奥·比克利(Flaminio Piccoli),帮助特伦托的《阿迪杰报》(*L'Adige*)。

如此一来，里佐利集团变得越来越庞大，债务也与日俱增，它渐渐由最初的纯粹的出版集团变为了一个"服务性"的出版商，它的运营不再仅从专业性角度出发，而是掺杂了复杂的政治目的。里佐利集团看似庞大、实力雄厚，实际上早已负债累累，几年之后，里佐利集团不得不出售旗下的报刊业务，并接受菲亚特集团的注资，里佐利集团改名为RCS集团，即"Rizzoli Corriere della Sera Group"，取里佐利的姓氏和《晚邮报》的名称组成集团名称，任命菲亚特的总经理卡尔洛·戛里埃利（Carlo Callieri）为集团总裁。在戛里埃利强有力的商业运作和企业化管理模式下，RCS集团的财务状况得到迅速改善，扭亏为盈。如今，RCS集团依然是意大利最重要的出版发行集团，它的报纸、期刊、书籍出版、电台和广告等业务遍布意大利、法国、西班牙和美国。

在20世纪70年代以后，原本对政治倾向遮遮掩掩的报纸不再隐藏立场，开始公开宣布各自的政治主张，报纸的读者们似乎也对政治更感兴趣，而不单纯地关心经济和社会问题。比如《新日报》（*Il Giornale Nuovo*）在1974年公开宣布持自由的温和主义态度，走中右派路线；1976年1月14日，刚刚在罗马成立并发行的《共和国报》（*La Repubblica*）宣称其定位为左派报纸。

《共和国报》的社长兼创始人埃乌金尼奥·斯卡法利（Eugenio Scalfari）以其超强的个人能力使该报纸迅速获得关注，这份报纸呈现出意大利报纸前所未有的形式，共20个版面，大部分为政治、经济、文化的内容，少部分是演出信息，还有少量的体育新闻和罗马当地新闻，周一停刊。该报纸是斯卡法利与蒙塔多利集团合作建立的，目标是在三年内实现收支平衡，销售量达到15万份。为实现这一目标，斯卡法利主张将读者群体做更精准的划分，他认为"如今已经出版了很多类似《慢车报》一样的报纸，它们适合所有的读者。但我们想要从大众读者中切分出更精准的一部分：一是领导阶层，他们考虑的不是工资而是在社会中的地位；二是引领阶层，对我们来说就是学生、工会组织、企业家、官员、教师、国家和地方的政府人员"①，因此，报纸成了一种针对目标群体的需要而进行营销的商品。对于选择左派立场，斯卡法利解释道："我们是一家左派报纸，但是我们并不依附于任何团体、政党或政要人物，我们应该尽力发挥信息源这个最重要的功能。"②他认为，报纸是独立的，但并不等于中立，报纸要对新闻事件进行评判，使读者了解每个新闻事件带来的积极或消极影响，这既是报纸的职责，也是实现报纸信息源功能的重要途径。1977年，恐怖活动蔓延，斯卡法利调整策略，帮助意大利共产党尽快度过危机。

斯卡法利成功地使《共和国报》成为一份非中立的政治报纸，凭借他本人的记者才能、清晰的文风和极强的个人魅力，引领着《共和国报》走上更大的政治舞台。与此同时，《共和国报》的日销售量也在一路攀升，在1978年年初已达到11.4万份，实现最初设定的三年内的目标已毫无悬念，证明了斯卡法利的办报路线的成功。从此，《共和国报》一路蓬勃发展，逐渐可与米兰的《晚邮报》相抗衡，成为仅次于《晚邮报》的全国第二大报纸，直到今天依然如此。

意大利的报纸与政治联系紧密，这一方面提升了报纸的地位，为新闻从业者提供了从政的路径，充分发挥了新闻媒介对政府的监督作用；另一方面，也为新闻界带来了不小的灾难，意大利的恐怖活动在20世纪70—80年代愈演愈烈，甚至将目标瞄准了新闻记者、报刊主编等，以至于许多新闻从业者遭到绑架、勒索，甚至被杀害。

20世纪80年代起，意大利的报刊界版图发生了改变，一方面是由于经济困难，1979年出版业的总财政赤字达到了1530亿里拉；另一方面，技术的进步推动着出版界进行调整，传真渐渐普及，报刊的管理运营模式也需随之改变。

---

① MURIALDI P. La stampa italiana dalla liberazione alla crisi di fine secolo[M]. Roma: Editori Laterza, 2003: 195.
② MURIALDI P. La stampa italiana dalla liberazione alla crisi di fine secolo[M]. Roma: Editori Laterza, 2003: 195.

这一时期，许多新型的地方报纸诞生了，它们是更加现代化的小报，与地方政府没有联系，主要目的是提供人们共同需要的国民服务，这些新兴的地方报纸代表着新闻出版界最真实的景象。时代在发展，一度传统的社会如今已发生改变，这些新型报纸可以满足当前现代社会的需求，这也从一个角度说明社会开始分化，变得更加多元与丰富。

《共和国报》在创立之初曾宣称要做一份左派政治报纸，因为斯卡法利认为社会上很多人存在着参与政治的需求，读者们渴望了解政治。渐渐地，一些文笔出色、极富见解的特派记者和评论员的文章大受欢迎，这样一来，一方面大大提升了报纸的政治参与度，另一方面也为报纸的个性化评论和信息提供了发展的土壤和空间，在一定程度上迎合了社会多元化发展的需求。

此时，另一个新的情况是《24小时太阳报》(Il Sole 24 Ore)迅速发展。这是一份经济类报纸，由意大利工业联合会发行，这份报纸成功的秘诀就是提供各种与经济相关的服务性新闻和信息。

图1.14 《24小时太阳报》

此时期，体育类报纸依然畅销不衰，这恐怕是意大利特有的现象。意大利人热爱足球、自行车、水上运动、冰雪运动等各种体育项目，这几乎已成为国家的名片。意大利人冬季去阿尔卑斯山滑雪，夏季去海边游泳，这已成为民众休闲度假的必选项目；平日里沿公路慢跑、骑自行车，周末看球赛，也是意大利人放松的方式。因此，体育运动是人们生活中不可或缺的一部分，体育类报纸在意大利的大众传媒与文化中也有着不可低估的分量。

此时，晚报受到电视的冲击最为严重。这与人们的生活方式有关，在电视普及前，人们在下班后会看一份晚报来打发时间，但在电视出现后，人们很少买晚报了,电视可以更直观、便捷地提供给人们更多样的信息,这导致晚报销量明显下降。此时政党报纸也遭遇低谷,这反映了意大利人对政治的热情在慢慢减弱,另一方面因为报刊业普遍存在的财政赤字问题,政党报纸也难以为继。

总体上看,期刊的情况要好于报纸。20世纪80年代起,期刊市场进一步细分,出现一些针对特定目标群体的月刊,如《大众汽车》(*Gente Motori*)、《大众旅游》(*Gente Viaggi*)和《资本》(*Capital*),它们都占有相当大的市场份额,有着不错的业绩。在周刊中,依然是《全景》和《快报》位居时事政治类刊物的前两位,《大众》(*Gente*)和《今日》(*Oggi*)瞄准家庭领域,各期刊都在充分满足着各自的市场需求。

图1.15 《全景》　　　　　　　图1.16 《快报》

这一时期,记者的数量在增加。1978年至1983年,在记者公会,新注册的记者人数达到了2441人,记者总数达到9638人[①]。许多年轻人选择进入记者

---

① MURIALDI P. La stampa italiana dalla liberazione alla crisi di fine secolo [M]. Roma: Editori Laterza, 2003: 215.

行业中，他们促进了行业的更新，提升了行业活力，丰富了行业视角，也带来了记者行业理念的改变。他们不再谨慎地遵从前辈的行业基本准则，即从消息源的控制到对新闻准确性的追求，他们认为对记者来说最重要的事情就是理解。

20世纪90年代后，意大利政坛依旧不稳，丑闻频出。1992年政府选举结束后不久，米兰的大法官向媒体曝光了正在调查的腐败案件，牵涉政治、经济、企业等各界的许多重要人物，激起民众的强烈不满和愤怒。此后，意大利出现了一场持续多年的"净手运动"。这次事件是意大利的政治地震，对意大利的整个社会都有着深远的影响，许多政党因此解散、改组，曾经重要的人物或辞职、或经受审判入狱，民众对政府的不信任达到了顶峰，社会矛盾激化，黑手党也趁机制造暗杀事件，意大利政府陷入破产边缘，社会动荡不安，意大利由此从二战后的"第一共和"时期过渡到了"第二共和"时期。而这一切，媒体都在其中扮演着非常重要的角色。

"净手运动"对媒体的影响是非常显著的。第一个影响是使媒体脱去了对政党俯首帖耳的一件"尴尬的外衣"。最典型的例子就是《晚邮报》，它一改往日对政党温顺服从、讨好谄媚的态度，在副社长朱里奥·安瑟米（Giulio Anselmi）的领导下，顶住意大利社会党的强大压力，将法院发布或泄露的所有消息都迅速刊登见报，公之于众；《日报》此前一直被社会党控制，新上任的社长保罗·利古里（Paolo Liguori）很年轻，非常激进，试图摆脱政党的控制。第二个影响是天主教民主党和社会党在意大利广播电视公司的控制力减弱，与这两个政党相关的电视新闻都处于尴尬的地位。曾有人坦言天主教民主党就是意大利电视新闻一频道（TG1）的股东，要求该党放弃对新闻的控制。第三个影响是党派的分化瓦解造成了各党派领导与报纸之间的争论和对立，双方常常言辞激烈，在争论中，也不乏故意的政治挑衅和偏见。

至此，意大利政治、经济、社会等方面的各种复杂的矛盾都集中于媒体上，要求媒体独立、呼吁规范记者从业行为的呼声越来越高。然而实际的矛盾是：若要求媒体独立，则媒体必须与政党、企业集团脱离，也不得接受政府的资助，成为独立的"第四种权力"，但现实是，报社社长、知名主编、记者等人士本身就有从政的可能，比如意大利前副总理、外交部部长、意大利社会党前主席彼得罗·南尼就是记者出身，曾担任《前进报》主编。此外，媒体独立生存的能力又着实较差，尤其是报刊业，如果没有外界企业集团的支持，报刊业受亏损几乎成定局；而得到企业集团的支持，又不可避免地受到种种政治团体、出资方的影响，更何况很多企业集团本身就是某个政党的支持者，甚至不乏集团总裁从政的情况。所以意大利的媒体与政治、经济一直在相互影响，衍生出千丝万缕、错综复杂又无法割舍的联系。

在这样的背景下，报刊业发展困难重重，尤其是从20世纪90年代起，互联网开始普及，报刊业遇到了更大的冲击。意大利在90年代初仅有3家报纸尝试推行网络版报纸，而后十年就增加到54家，但大部分只是将纸版的内容直接放在网络上。1997年起，有五家报纸决定推出专门的网络版报纸，即《共和国报》《体育报》《晚邮报》《新闻报》和《24小时太阳报》，他们成立专门的网络编辑部，推出和纸版完全不同的新闻内容，形式丰富多样，特别是还有论坛互动，读者可以就一些有争议的问题和事件发表言论，与编辑和记者们互动。

第七节　21世纪的意大利报刊业

进入21世纪以来，意大利形成了一些较大的报业集团，其中GEDI集团和RCS集团为两大主要集团。GEDI集团旗下拥有《共和国报》《新闻报》《快报》等几十余种报纸和杂志，RCS集团则拥有《晚邮报》《体育报》《全景》等多种报刊。在2020年，由意大利著名的阿涅利（Agnelli）家族控股的意大利埃克索尔（Exor）集团完成了对GEDI集团的收购，其持股比例超过90%，埃克索尔集团还是菲亚特、克莱斯勒和法拉利的控股股东。在21世纪，意大利的报刊业与大工业集团的联系愈加紧密，利益关系更加密切。

意大利的各主要报纸的地位相对稳定，多年来，《晚邮报》的销量一直稳居第一，《共和国报》排名第二，其余销量排名前十的报纸名次偶有变化。2021年意大利最受欢迎的十家报纸排名如下：

第一名：《晚邮报》，创办于米兰，其口号是"思想的自由"，是一份传统、保守的日报。该报拥有近150年的历史，有着深厚的历史文化底蕴，历经意大利政治、社会的变迁，至今依然是最受意大利人欢迎、有着最广泛影响力的报纸。

第二名：《共和国报》，1976年创办于罗马，虽然创办时间远远晚于《晚邮报》，但因其为读者提供有深度的新闻和评论而迅速成长为可与《晚邮报》相匹敌的左派报纸。这两份报纸一南一北、一左一右，成为意大利报刊业的重要代表。

第三名：《24小时太阳报》，该报由意大利工业联合会在米兰创办并发行，主要关注经济、金融和商界信息，它以"为所有人而闪耀（per tutti splende）"为座右铭，向自由和平等致敬。

第四名：《体育报》，创办于米兰，是一份专门报道体育新闻的报纸，在19世纪末已经开始发行，采用独特的粉色纸张以区别于其他报纸，这种颜色立即成为该报的显著特征，至今仍是其独有的标志。多年来，《体育报》已成为一份报道所有体育项目的全国性报纸，也是最能体现意大利独特的大众文化的一份报纸。

第五名：《新闻报》，这份报纸于1867年在都灵创办，现在隶属于菲亚特集团。该报纸在世界各地派驻记者，在报道国际新闻方面拥有较大的优势，一直以来以发表有分量的政治评论而著称，在意大利国内拥有广泛的读者。

第六名：《信使报》，该报是于1878年在罗马创办的一份自由民主派的报纸，最初专注于地区新闻，特别是发生在首都、梵蒂冈教皇国的事件，后来在

20世纪70年代走上中左路线，在意大利中部地区有较大影响力。

第七名：《日报》，该报由意大利著名记者、作家因德罗·蒙塔内利（Indro Montanelli）于1974年在米兰创办。他原本使报纸走独立于政党的路线，但从1979年起，该报纸由贝卢斯科尼家族收购，在西尔维奥·贝卢斯科尼进入政界，并且其创始人退出后，《日报》已被深深地打上了中右派的烙印。

第八名：《零钱报》，该报历史悠久，1885年在博洛尼亚创办。最初为一家地方报纸，在烟草店销售，售价低廉，常常被用来作为找零给顾客，后来慢慢在全国发行。

第九名：《未来报》，该报是遵照教皇保罗六世的意愿于1968年在米兰创办的，它继承并融合了米兰的《意大利报》和博洛尼亚的《意大利未来报》两份报纸，这是唯一在全意大利发行的天主教日报；该报纸由天主教徒编辑和撰写稿件，主要致力于将梵蒂冈的主教会议精神通过一种大众的信息媒介传递出去，同时对当下的社会问题做出评论。此外它还提供了一个便捷的网站，为有视力障碍的人提供语音阅读文章的服务。在2010年和2011年，该报分别上线手机App版和电脑版软件，并逐步开通脸书、推特、油管社交媒体，将古老神秘的宗教与现代的传播媒介结合起来。

第十名：《每日事实》（*Il Fatto Quotidiano*），这份报纸是排行榜上最年轻的报纸，它在2009年开办。创始人是安东尼奥·帕德拉罗（Antonio Padellaro），他的办报宗旨是使报纸成为一份有所有者但不是主宰者的报纸，它不应该征求任何人的同意，只应遵循"共和国宪法"。该报纸坚持走中间路线，明确表示它不想站在左派或右派。该报的网站有一个很突出的特点，即图片、音视频新闻非常丰富，它甚至还开通了TikTok账户，是一家充满活力的报纸。

在杂志方面，分属于GEDI集团和RCS集团的《快报》和《全景》依然占据绝对优势地位。

第八节　意大利的主要通讯社

意大利历史上共出现过三家重要的通讯社，现存两家。最早出现的通讯社是斯蒂法尼通讯社，现在已不存在，目前最大的也是意大利最重要的通讯社是安莎社（Agenzia Nazionale Stampa Associata，ANSA），其次是意大利通讯社（Agenzia Giornalistica Italia，AGI）。

一、斯蒂法尼通讯社

1853年1月25日，意大利的第一家通讯社诞生了。负责此项工作的人是古列尔莫·斯蒂法尼（Guglielmo Stefani），也是撒丁王国官方日报《皮埃蒙特公报》的负责人。该通讯社有半官方的性质，同时有家族特色，因此该通讯社取名为"斯蒂法尼通讯社——私人电报局"。这是意大利王国时期最主要也是最有权威性的通讯社，向意大利王室和主要报社供稿。在法西斯统治时期，该通讯社完全被法西斯政府控制，未经审查批准不得擅自发稿。1943年，随着墨索里尼政权的倒台，斯蒂法尼通讯社也随之解体。

二、安莎社

二战后初期，所有的新闻信息源都由盟军通过英美的大通讯社进行直接或间接的控制，较大的几家通讯社，如英国的路透社（Reuters）、美国的美联社（Associated Press）、美国的合众社（United Press）和国际新闻社（International News Service）[①]已经在被盟军解放的意大利主要城市中设立了它们的办

图1.17　安莎社标志

[①]　1958年，合众社与国际新闻社合并为合众国际通讯社（United Press International）。

公室，向报纸出售新闻、文章和图片。1945年1月13日，在各报社的提议和出版商的合作基础上，意大利全国报业联合社成立了，简称安莎社。

安莎社总部设在罗马，其最初的章程规定：安莎社需在宪法保护的民主自由的环境中，本着各成员互惠互利的目的，向意大利报纸的出版方或第三方提供广泛的新闻信息服务；向会员和非会员提供的所有信息搜集和发布的服务均需严格遵守独立、公正、客观的原则。

随着政府的权力向新闻领域延伸，1949年，安莎社作为唯一覆盖全国并且拥有海外分支机构的通讯社，不仅在形式上，而且在实质上失去了在建立之初所确定的合作社的性质。由于得到了政府的资助，安莎社成为政府的"旗手"。在海外，安莎社开始发展，设立办公室，运营费用不断上涨；在国内，它需要建立相应的电讯网，目的是与设在意大利境内的外国通讯社竞争，这两方面的突破造成它在客观上确实需要政府的支持来满足发展的需要。1949年，安莎社获得总理府的年度资助，不久之后又获得外交部的资金支持。事实上，安莎社已经可以部分地替代国际大通讯社的功能，同时它与美国合众社、英国路透社和法国的法新社达成协议，实现信息共享。渐渐地，其他外国通讯社便撤出了意大利，仅剩美联社还保持着意大利语新闻和服务的发行网。

从1951年起，来自意大利自由党（Partito Liberale Italiano）的安杰洛·马里亚诺（Angelo Magliano）成为安莎社社长，他曾任《伦巴第邮报》（*Corriere Lombardo*）的社长，并且这一时期自由党与天民党①组成了执政联盟，关系密切。但无论社长人选是谁，都注定对安莎社的政治和组织路线无法产生大的影响，因为安莎社在发布议会报告和政治新闻时，常常给占多数派的政党联盟以及由它们组成的政府更大的新闻空间，而且是远远大于反对派的新闻空间，用多种多样的方式表现出它亲政府的立场。在安莎社内部，广播和早期

---

① 天民党（Democrazia Cristiana），全称意大利天主教民主党，1919年6月14日成立，原名为意大利人民党，1926年被法西斯政府取缔，二战后重建，改名为天主教民主党。1945年至1993年间，有42年都是天主教民主党人担任总理一职，其为意大利最主要的执政党。经历"净手运动"后，1994年改名为意大利人民党。

的电视新闻供稿也都有不同程度的亲政府现象。

总理府的副国务秘书已经成为安莎社的保护者，这个位置一直被天民党派的人把持。1958年，马里亚诺作为政治选举的候选人，辞去了安莎社社长的职位，继任者又是来自佛罗伦萨天民党报纸的赛尔乔·莱普利（Sergio Lepri）。天民党一直以来都特别重视意大利的大众传媒领域，在报纸、广播电视、通讯社等各个重要的媒体部门都有天民党派的人领导或控制，因此意大利大众传媒不可避免地与政治之间有了根深蒂固的联系，并且一直处于相互影响的状态。

2001年6月8日，意大利政府通过第231号法令，依据此法令，安莎社采用了自己的组织、管理和控制模式，并制定了一套自己的道德准则。基于该法令，安莎社致力于使自己的所有活动在决定和运作阶段均符合合法性、透明性、公平性和规范性原则，安莎社的价值准则确定为独立、及时、完整、可信。

鉴于对综合质量标准的要求不断提高，安莎社按照UNI EN ISO 9001：2015质量标准，坚定地持续推进和落实内部改革，始终以满足其成员、客户和其他相关方提出的质量要求为首要目标。特别是在新闻信息和资讯的制作、刊登和发行以及与各种形式媒介有关的其他服务方面，安莎社严格遵守本社章程和合同的要求，注重产品和服务的质量。安莎社一直认为保证质量是通讯社发展的长期战略，努力为客户提供更好的产品和服务，同时使通讯社在工作组织和产品服务的设计、生产方面更有效率。

为此，安莎社推动各项必要的改革，使所有的活动都能在经济、有效的方式下持续推进，并在质量保证方面严格遵守以下准则：

（1）遵守通讯社章程、合同和各项法规；

（2）遵守独立、公正、客观的原则；

（3）遵守国内和国际的法律；

（4）为会员和客户创造价值并助其实现目标；

（5）遵守伦理法；

（6）不断改善提供的产品和服务；

（7）持续努力以避免出现问题和服务空白。

这个质量体系贯穿在所有工作的操作和管理环节之中，并且制定明确的操作细则、每一环节的责任归属以及相应的衔接流程。此外，安莎社还定期检查，确保其提供的产品和服务符合伦理法的规定。同时，该社重视经营与供给方的关系、发展人力资源、改善工作环境、在法律的范围内保护各相关方的数据信息，等等，所有这一切都是以保证工作质量，让客户、会员及相关方满意为最终目标。

如今安莎社已是意大利第一大通讯社，同时跻身世界前十大通讯社的行列。安莎社有6个版本的国际网站，在意大利境内有22个办公室，境外有73个分支机构，在世界各大洲均有分布。它与各国际通讯社签有87项合作协议，拥有5400多个客户。每月在安莎社官网上有1.79亿次的页面浏览量，每天发布3700多条新闻，1700多张照片和60多条视频。其会员有意大利23家出版社、39家主要的报纸。此外它还拥有网络新闻版、App和社交媒体账号、国际客户端等。安莎社在以质量为最终目标的前提下，努力打造内容丰富全面的高品质、权威化的新闻通讯社。

三、意大利通讯社

1950年，在一些社会民主党人士的提议下，意大利成立了一家新的通讯社——意大利通讯社，简称AGI通讯社[①]，这是仅次于安莎社的意大利第二大通讯社，其总部位于罗马。在成立之初，意大利通讯社面临着处于垄断地位的安莎社的强大竞争压力。20世纪50—60年代，该社在社长阿道夫·阿奈斯（Adolfo Annesi）[②]的领导下，借助战后意大利经济重建并逐步走向繁荣之

---

① AGI通讯社的现任社长马里奥·赛奇（Mario Sechi）从2019年7月1日起上任，曾做过《日报》主编、期刊《全景》主编、RAI第二频道的评论员、广播Radio24的评论员，对意大利的报刊、电视、广播等媒体都非常了解，任职经历丰富，颇有见解和才干。

② 阿道夫·阿奈斯（Adolfo Annesi），1952年至1963年任社长，为意大利通讯社在创业之初打下坚实的基础。

机，立足于报道国际新闻，为满足致力于海外市场的意大利企业提供有关国际政策和服务相关的信息。于是，该社率先在位于罗马的总部安装了当时最先进的天线系统以接收来自BBC、开罗广播、卢布亚纳广播[①]的最新消息，并通过当时最先进的电信系统将信息传送至意大利境内外的全部分支机构。

图1.18　意大利通讯社网站

1965年，意大利通讯社与埃尼集团（ENI）合作多年后，并入埃尼集团，专门做经济领域的新闻。1967年，意大利通讯社购买了美国道琼斯经济频道，并要求意大利的报纸设置专门的经济新闻版面。十年后，意大利通讯社提供了更切实、更完备的整套国内外服务，并增加了与塔斯社（TASS，现称ITAR-TASS）[②]和西班牙埃菲社（EFE）[③]的国际信息服务合作。

20世纪70年代，议会政治新闻和经济金融信息成为意大利通讯社最耀眼的王牌板块，它提供的新闻信息通常是银行、证券从业者以及对金融投资感兴趣的人每日必读的内容。80年代，随着技术的革新，意大利通讯社的编辑部引入大量电信设备，用于在视听领域通过视频电信网进行信息的传输。1997年，意大利通讯社紧紧抓住信息化改革的机会，成为意大利第一批完成官网建设的通讯社，并继续开发新的网络产品，如AGI日报（AGI giornale）和AGI在线（AGI online），2001年电报网渐渐退出历史舞台，开始了卫星和数

---

① 卢布亚纳（Lubiana），斯洛文尼亚首都。
② 塔斯社，即俄通社-塔斯社（Information Telegraphic Agency of Russia-TASS），俄罗斯国家通讯社。外文简称 ITAR-TASS。塔斯社是苏联国家通讯社，是重要的国际性通讯社之一，总部在莫斯科，对外用俄、英、法、西、葡、德、意、阿拉伯8种文字发稿，向115个国家和地区的新闻机构或商务代表处提供新闻或经济信息。
③ 埃菲社（La Agencia EFE, S.A.），西班牙官方通讯社，也是世界上用西班牙文发稿最多的通讯社，1939年1月创办于布尔戈斯，次年迁至马德里，由法布拉等通讯社合并组成。它名义上是商业性质的通讯社，但由国家提供部分经费，政府任命社长，实际上是国家通讯社。主要面向拉美地区，是一家国际性通讯社，在国外设有80多个分社。

字传输的时代。

进入2000年后，意大利通讯社决定将其主要的新闻简报纳入质量认证，并成为第一家通过这一认证的新闻通讯社。同时，它在编辑方面继续推进国际化，相比从竞争者手中购买昂贵的网络和服务，它更倾向于建立媒体战略合作伙伴关系，积极与位于新兴国家和具有重大地缘政治利益地区的新闻机构合作，合作涉及广播、电视、新闻机构、报纸等多个领域。意大利通讯社除了与媒体战略合作伙伴在重点领域交流目标新闻外，还建立了一个通讯员网络（几乎都是当地记者），他们能够以自己在当地工作的优势为来自这些国家（美国、英国、比利时、土耳其、伊朗、越南、刚果、尼日利亚、哈萨克斯坦等）的信息带来附加值，特别是能够关注到一些有用的信息，提供给在当地经营的意大利公司。

思考题

1. 尝试用思维导图将意大利报刊业的发展脉络和概况清晰地绘制出来。

2. 在文艺复兴时期，威尼斯为什么能成为意大利报刊出版业最活跃的地方？结合当时的历史背景进行分析。

3. 意大利近代报刊业的发展之初，得益于哪些必要的条件？

4. 近现代以来，意大利的报刊业发展呈现出怎样的特点？

5. 二战后，意大利的报刊业与政治、经济有怎样的联系？为什么会出现这样的状况？

6. 二战后，意大利的报刊业与大众文化有怎样的联系？能反映出意大利的大众文化有哪些特点？

7. 结合实际，分析进入21世纪后，意大利的报刊业面临怎样的发展困境？应该如何应对？

8. 意大利的主要通讯社有哪些？可否分析一下它们各自的发展路径、优势和特点？

第二章　意大利的广播电视业

● 导　语 ●

20世纪是人类在科技上取得飞速进步的时代，也是大众媒体愈加繁荣的时代，人类的传播方式由报刊等纸质媒体发展为有声的广播、声画并存的电视，信息传播更加迅速、内容更加丰富、形式更直观多样。与报刊不同，视听的传播对于人们受教育的程度要求不高，因此广播电视，尤其是电视，"迅速成为广泛而廉价的大众文化的载体，其影响力超越报纸成为传统媒介之首"[1]。新媒介的出现，在很大程度上改变了人们的生活方式和社会体系，大众文化也随之发生迅速的改变。大众传媒的三大传统媒介——报纸、广播和电视经过激烈的竞争博弈，在20世纪后期慢慢形成三足鼎立的局面。

第一节　意大利广播业发展史

意大利是无线电通信的发源地，意大利人古耶莫·马可尼（Guglielmo

---

[1] 陈力丹. 世界新闻传播史［M］. 3版. 上海：上海交通大学出版社，2006：17.

Marconi)①是实用无线电通信的创始人,被称为"无线电之父"。随着技术的发展,广播电视在意大利迅速普及,进入普通百姓的生活。

意大利的无线电广播从20世纪20年代初开始定期播放,有三个国家广播网②。1924年10月,两家无线电公司开始支持罗马广播电台播出节目,同年年底,这两家公司联合组成了意大利广播联盟(Unione Radiofonica Italiana, URI),并从意大利邮电部获得6年的特许经营权。1927年该联盟改名为意大利广播收听公司(Ente Italiano per le Audizioni Radiofoniche, EIAR),从政府获得了25年的特许经营权,它实际上变成了官方的机构。出于政府宣传法西斯主义、控制思想的需要,国家采取单一公营体制,大力推进广播事业,广播电台在全国主要城市陆续建立起来,同时法西斯政府对广播内容实行严密的控制,严格审查播出的新闻稿件等。

20世纪30年代,意大利广播收听公司开始建立全国性的广播网,1930年,建立了新罗马电台;1932年,建立了新米兰电台;1934年,罗马短波电台开始了国际广播。1939年,意大利国内的收音机有117万台,每天累计播出节目时长达42小时③。到1943年,盟军登陆,墨索里尼政府垮台前,意大利已有广播电台41座,全国性广播网3个④,广播已逐渐成为最受欢迎、最及时的信息传播媒介。

二战后期,盟军在西西里岛登陆,所到之处,意大利所有的报纸、广播媒体全部由盟军的心理战争部接管,西西里首府巴勒莫的广播也在心理战争部的严密控制下于1943年8月6日恢复播放,它被意大利人称为"自由的前哨",主要播放盟军总部的公报以及经过严格审查的新闻和意大利的反法西斯言论。

---

① 古耶莫·马可尼(Guglielmo Marconi, 1874.4.25—1937.7.20),意大利无线电工程师、企业家、实用无线电通信创始人,1897年,在伦敦成立马可尼无线电报公司(原名马可尼天线电报与信号公司),1909年获得诺贝尔物理学奖。
② 意大利广播电视公司官方网站(https://www.Rai.it/dl/Rai/text/ContentItem-20844e48-74d8-44fe-a6f4-7c224c96e8e4.html?refresh_ce)。
③ 刘笑盈. 中外新闻传播史[M]. 北京:中国传媒大学出版社, 2017:251.
④ 陈力丹. 世界新闻传播史[M]. 3版. 上海:上海交通大学出版社, 2016:126.

1944年，意大利广播收听公司被改组，诞生了一个新的独家垄断的公共机构——意大利广播公司（Radio Audizione Italia, RAI），归邮电部管理。1946年1月1日，盟军最高指挥部将管理权转交给意大利政府。战后初期，意大利广播的听众数量显著增长，截至1952年已达到430万人。

1952年1月，原意大利广播收听公司的特许经营权合同期满，意大利广播公司（RAI）签署了一个新的合同，该合同规定，公司的大部分股权将转让给意大利工业复兴公司（Istituto per la Ricostruzione Industriale, IRI），实行国有化。1954年，由于意大利广播公司业务范围扩大，改名为意大利广播电视公司（Radiotelevisione Italiani），简称仍为RAI。按照意大利的法律，该公司主要由国家管理，属于国家垄断性质，是唯一的全国性广播电视机构，负责提供广播和电视两类公共服务。最初广播只有三套节目，内容自行编制。

图2.1　意大利广播电视公司标志

然而随着电视的出现和迅速普及，广播受到了严重的冲击，经历了一段时间的阵痛后，汽车进入了寻常百姓的生活，车载收音机的普及使广播的听众数量维持在较稳定的水平，并无明显变化。如今意大利的广播领域主要有两大公司：意大利广播电视公司和梅地亚塞特集团。

图2.2　梅地亚塞特集团标志

图2.3　RAI部分广播频道

RAI广播分为直播频道和播客（Podcast），其中直播频道有12个，除综合类频道外还有专题频道，如体育、音乐、儿童、议会频道等；播客按主题分类，包括历史、音乐、艺术、语言、博物馆，等等，内容非常丰富。听众既可以选择用收音机听，也可以通过网络、移动客户端收听节目，非常方便。

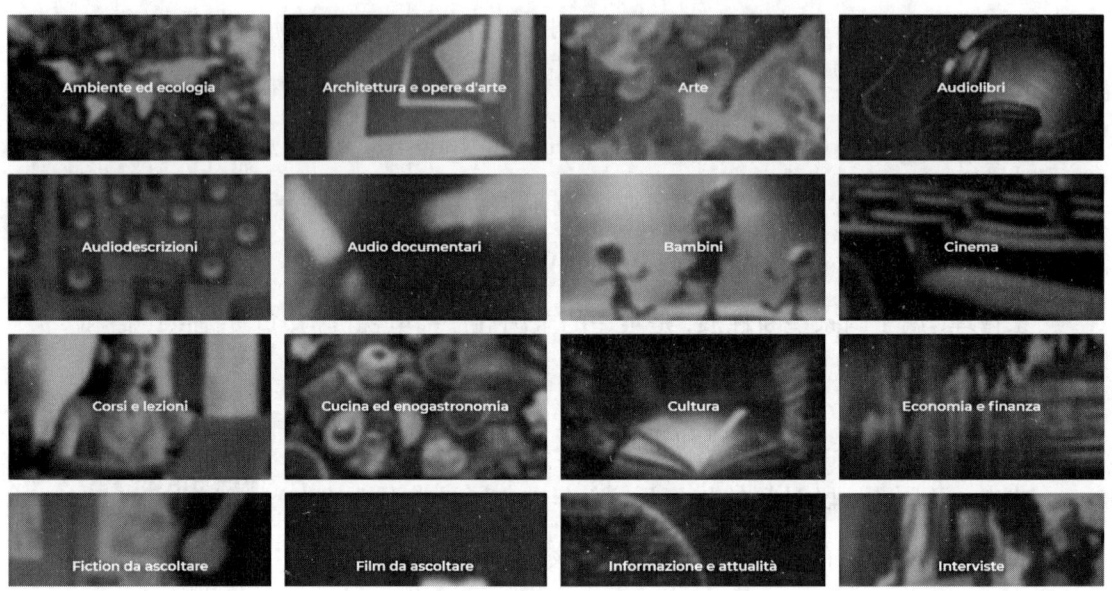

图2.4　RAI部分播客内容截图

梅地亚塞特集团的广播拥有R101电台、R105电台、维珍电台、Subasio电台和Montecarlo电台，也是实力雄厚、听众众多的顶级广播集团。

随着数字化传输技术的发展，意大利家庭及个人的收听和显示设备也在增加，收听广播节目的方式和习惯也都发生了改变，原本是在家连续性地收听广播，现在变为断续性、个性化的收听方式。在这种新的方式下，每个人随时随地都可以找到自己感兴趣的内容，个性化愈加凸显。

在这种断续的、碎片化的时代，如何让收听广播依然成为人们生活中重要的一部分，是在提供广播服务之前就需要考虑的问题。因此，要求广播要向多平台转变，其节目可通过收音机、电脑、手机等设备获取，有离线和在线两种收听方式，可以反复收听，也有音频和视频两种形式。这些灵活的收听方式和随时可查找的、丰富的节目内容逐渐将意大利人带入了广播的数字时代。

图2.5　梅地亚塞特的广播台标志1

图2.6　梅地亚塞特的广播台标志2

第二节　数字时代的意大利广播业

意大利广播业一直抓住技术进步的机遇，使自己处于技术前沿。广播节目的供应也在成倍地增加，但这并不是它能成为一种大众文化现象的充分条件，意大利每天有超过3400万听众收听广播，之所以有这么多听众，最关键的原因是广播符合他们的生活习惯和生活方式，他们也认为广播是一个内容真实可靠，能够提供丰富信息和娱乐的媒介。广播内容的质量都是由专业的节目制作团队来保证的，意大利广播业诞生近百年来，专业的制作团队在日复一日的工作中积累下口碑，获得了听众的认可。此外听众们还可以通过电话、电子邮件、短信、社交媒体等多种途径与广播电台进行直接的交流互动。

虽然有人认为广播最终也会转变为个性化程度很高的流媒体点播平台，

变成付费点播，下载收听的形式，但是据社会调查研究中心（CENSIS）①的调查显示，三分之二的意大利人相信广播不会变成收费平台，而且他们认为每天播出的电台节目中专业的主持人为广播带来了附加值，这一观点也得到了年轻人的认同。迄今为止，对所有广播节目和内容的调查表明，广播不会衰落，也不会被淘汰，尽管在数字时代出现了在屏幕上观看和收听广播的新方式，但这种新方式不会完全取代旧的形式，而是将与其共存。

　　根据CENSIS的最新统计数据，新冠疫情前后，对比2019年上半年和2021年同期，在设备使用方面，虽然通过车载收音机收听节目的听众减少了12.3%（车载收音机仍然是最大的收听平台，平均每天有超过2200万名听众），来自无线电收音机的收听率下降4.9%，但是利用其他设备收听广播的听众增加了8%。所有已经成为意大利人数字生活的重要组成部分的非传统设备收听率都有显著增长：如用电视收看视频广播的人约有420万，在过去两年中增长约4.7%；用智能手机或移动电话收听广播节目的人约有340万，两年中增长了约18.6%；通过台式电脑或平板电脑收听广播的人两年中也增长了约7.3%；最后，还有约123.2万意大利人通过电视屏幕收听纯音频广播，这类人群在过去两年中增长了约4.2%。②

　　这说明人们的收听习惯在逐渐变化，现代化、数字化的广播正在征服更多的听众。不仅如此，新冠疫情似乎给广播带来一个更大的发展机遇，仅在2020年夏天，广播听众数量猛增，平均每天重新超过了3400万人，甚至恢复到了疫情前的水平。大约有1900万意大利人通过与传统方式不同的媒介（电视、智能手机、电脑……）不时关注视频广播，其中将近1100万人通过电视观看视频广播节目。

　　进入数字时代后，视频广播成为一种新型媒介和大众文化现象。作为一

---

① 社会调查研究中心（Centro Studi Investimenti Sociali, CENSIS）是意大利一家非常重要的社会经济研究机构，成立于1964年。从1967年起，该机构每年都会发布《国家社会情况调查报告》，它被认为是理解意大利社会现实最完备翔实的权威报告。

② Centro Studi Investimenti Sociali. La transizione verso la radiovisione [R]. Roma: CENSIS, 2021.

种新媒介，视频广播除具有广播原有的提供信息、娱乐、实况转播、现场直播的功能外，还可以提供可视化的视频节目，与此同时，它依然保留着广播所特有的鲜明的辨识度。

在新冠疫情暴发后的一年半时间内，500多万意大利人首次在电视屏幕上收看了视频广播，这个数据是出乎意料的，因为通常人们认为视频广播有两大强有力的竞争对手：电视和互联网，而人们能在电视上收看视频广播实为不易。

所有这些庞大且迅速增长的数据表明，无线电广播处在媒介系统交互融合过程的最前沿，它能够在所有可用的载体上播放节目，并越来越多地获得人们的青睐。

下面对人们收听广播节目的详细统计数据进行分析，总结意大利大众文化的一些特点。首先，意大利人认为广播的信息有较高的可信度，81.7%的人认为广播节目的成功就在于它内容的可靠性，而在新冠疫情期间，人们对广播的信任度格外有所提高，有6.1%的人表示在疫情持续的一年中，他们对广播的信任度提高了。其次，意大利人对广播内容的兴趣和性别有明显的关联，男性最感兴趣的话题有国内政治、体育新闻和经济新闻；而女性特别喜欢有关生活方式、旅游和烹饪、文化演出以及娱乐新闻的相关话题。在犯罪新闻，科学、医学和技术这几种类型的节目中男性和女性似乎有着相似的兴趣度[1]。最后，人们喜欢收听广播的另一个重要原因是在直播过程中，听众可以与主持人进行直接的、即时的互动，这也是其他媒介所不具备的一个极有吸引力的特点。

如果按照年龄层来划分，会发现14—29岁的意大利人更喜欢内容偏轻松的节目，排在第一位的是生活方式、旅游和烹饪类（33.4%），之后是体育类（33.0%）和文化演出类（31.9%）；而人们对政治事件、科学、医学和技术类

---

[1] Centro Studi Investimenti Sociali. La transizione verso la radiovisione [R]. Roma: CENSIS, 2021.

新闻的关注度会随着年龄的增长而提高,这也反映出随着思想的成熟,大众的关注点会发生变化。文化演出类节目同时吸引了年轻和年长的听众,但不太受中年听众的关注,这也可以说明中年人因为工作压力、生活忙碌而无暇顾及这些轻松的休闲节目,年轻和年老的人则有更多可支配的空闲时间。对于犯罪新闻和涉及生活方式、旅游和烹饪的节目各年龄段的听众比例较为平均。最年轻的听众表示对经济和外交政策新闻不太感兴趣,但对娱乐新闻的兴趣特别高。整体上,意大利人都不太关心国际政治。

表2.1 不同年龄段对广播节目类别的兴趣度　　　　　　　　(%)

类别	14—29岁	30—44岁	45—64岁	65—80岁	整体比例
国内政治	22.0	36.8	45.7	51.3	40.1
科学、医学和技术	27.7	34.0	35.3	42.8	34.9
生活方式、旅游、烹饪	33.4	30.5	24.8	30.1	28.8
犯罪新闻	23.5	27.8	31.3	25.4	27.9
体育新闻	33.0	30.6	23.7	21.3	26.7
文化演出	31.9	23.9	20.8	32.9	25.8
娱乐新闻	26.1	14.7	16.2	14.2	17.3
经济新闻	8.7	18.5	18.9	17.5	16.7
国际政治	5.5	8.8	14.4	9.7	10.5

资料来源:CENSIS调查报告

如果按照受教育程度来分析,接受过高等教育的人大多对国内政治、经济新闻和文化演出感兴趣,而那些接受教育较少的人对犯罪新闻有更多的兴趣。

2021年,CENSIS的调查结果显示,86.4%的意大利人表示他们更愿意在专业人士工作的"传统"信息渠道(纸质和网络日报、广播和电视)了解政治事件、娱乐新闻,而不是通过社交网络。因为在社交网络中,任何人都可以随意生产和传播新闻。由此可见,如果要在收听率方面拥有绝对优势地位,意味着广播要能够每天播放优质、可信、可靠且与意大利人的兴趣点相吻合的内容。意大利广播的一个很大的优势就在于它拥有由大量专业人员组成的编辑部,以此来保证广播内容的可信度和可靠性。

综上,作为传统媒体的广播,在新的数字时代浪潮中并没有被抛弃,反而迎合了技术的进步,积极开拓新的平台,充分发挥自身的优势,努力满足听众的需求,牢牢地抓住了原有的受众群体,并且通过多种形式,逐渐征服年轻的听众。数字时代新的广播形式——视频广播,将包含信息和娱乐的优质内容同时投放到不同设备上,将广播原有的优势与新技术提供的无限可能相结合。有81.4%的意大利人表示,视频广播是一种新的媒介,它的成功不仅在于它能够在不同的设备上播放以适应意大利人新的娱乐习惯和生活方式,还在于它可以在日常生活中时刻陪伴着听众。视频广播的成功是无线电广播的自然进化,而广播在节目制作和现场直播方面拥有的绝对优势成为它获得成功的资本。

广播不仅需要专业人员组成的团队制定每日节目表,而且广播更是一种现场直播。这既需要参与的人员具有专门的职业素养,也需要节目主持人与听众保持互动。可以说它既是个体的活动,又是一种团体的活动,因为在一个节目中,每个人都可以开辟出个人的主角空间,同时,参与一个节目意味着跟随并参与到一个由相同兴趣的人组成的团体之中。85.2%的意大利人承认在广播收听中,听众可以很大程度地参与互动,所以这种主角感、团体性和互动性是广播得以保持其勃勃生机的重要因素。

在未来,节目制作成功的秘诀在于他们掌握、跟随意大利人的品味和生活方式变化的能力,以及将这些变化转化为节目制作的能力,努力开发越来越丰富的节目,提供越来越多的选择方案。

第三节　意大利电视业发展史

欧洲电视业的发展在不同时期出现了不同的模式，呈现"递进式发展"，这个过程大致可以分为三个阶段[①]：(1) 二战后到20世纪80年代早期，是电视频道稀缺，公有体制垄断的阶段；(2) 从20世纪80年代早期到90年代中期，商业网络出现，是公有和私有体制并存阶段；(3) 1998年至今是供给方式无限丰富的阶段，出现卫星电视、数字电视、高清电视、网络电视等，技术的发展带动着电视业的迅速发展，行业竞争日趋激烈，用户选择更加多样化。意大利的电视业发展基本也呈现出以上三个阶段的特点。

一、二战后到20世纪80年代早期的公立垄断阶段

1954年1月3日，RAI开始定期播放电视节目，虽然当时只有一个频道，电视屏幕也很小，但这标志着意大利从此进入了电视时代，这是20世纪继广播后的第二次媒介大革命。很快，电视就展现出它超凡的潜力。到1954年年底，仅一年的时间，电视就覆盖了全国58%的人口；1961年，它覆盖97%的意大利人。在电视发展的前十年里，用户数稳步增长：从1954年的24000个用户增加到1965年的600万个用户。在每个家庭和公共集会场所，人们都聚集在一起看电视。

最初，电视节目播放近四个小时，没有商业广告。电视从下午5点30分开始，播放儿童电视节目。1956年，电视新闻完成试播阶段，在晚上8点45分儿童电视节目结束后，播放新闻，并持续到晚上11点。电视新闻开始成为许多意大利人每天固定收看的节目，虽然节目的形式、内容非常官方，迎合政府的

[①] 皮拉蒂，里盖利. 创意工厂——意大利传媒市场[M]. 史克栋，等译. 北京：中国传媒大学出版社，2009：70-71.

主张，但由于其简洁清晰，吸引了许多不读报纸的观众。1957年，电视节目出现了第一个转折点——广告被引入，这是一个标志性的事件，广告在节目之后播出。广告结束后，孩子们去睡觉。

虽然观看电视很快成为大众的娱乐方式，但传播信息仍然是RAI的首要任务，超过70%的观众关注的是电视新闻。此外，自行车和足球比赛是最受欢迎的体育节目，这两个项目的比赛每次都由RAI准时播放并解说。

从1954年国家开始正式管理电视节目的播放起到1964年，十年间，电视业开始建立录像系统。电视不再是固定的现场直播，也可以录制、存储和重播。

1962年，意大利的第二个电视频道问世，意大利电视第一次通过卫星与美国相连，几个月后开始了第一次彩色传输的实验，但直到20世纪70年代后半期才正式启动彩色信号传输。地方电视节目也在70年代后半期首次出现。

意大利广播电视公司负责提供广播和电视公共服务，该公司最初归意大利政府管理，天民党成为其实际上的管理者。这一方面是因为执政的天民党有能力和敏锐的直觉，另一方面也是因为左派政党对RAI的重要性的低估。作为最大的执政党，天民党牢牢把控着历任政府中邮电部部长的职位，而RAI直接归属邮电部管理，所以RAI的广播电视新闻编辑部完全与天民党的路线保持一致。

20世纪60年代，在许多西方国家爆发了青年运动，抗议专制主义和美国的帝国主义，德国年轻人抗议斯普林格（Springer）出版社过度集中，法国学生在1968年抗议公共广播电视的垄断，这些活动都深深影响了意大利的学生、工会和左派政党。于是，左派政党和非教会政党、工会组织共同领导了反对天民党控制RAI的运动，控诉广播电视行业过于集中，人员的更替都是由少数编辑委员会和个别的记者事先安排好的表演。

迫于反对的压力，意大利全国新闻界联合会接受天民党左派、社会党和共产党的意见，支持并努力推动RAI的内部改革。1975年，意大利议会通过新的广电法，将RAI的控制权由政府转交给议会，虽然再次确立RAI在全国的垄断地位，但对RAI进行了改革，目的是引起竞争，实现RAI的良性发展。1976年7月28日，意大利宪法法院通过第202项法律裁决，打破了意大利广播电视公司的垄断地位，开始允许私人资本经营地方广播电视节目，此举大大削弱了一向控制RAI的天民党对传媒领域的控制力。

迫于内外部的压力，1977年，RAI公司下属的广播电台和电视台分别改为独立经营的公营台；1979年，RAI的第三电视频道开播，网络覆盖全国，第一批商业性地方网络首次在意大利电视界亮相，这些地方电视台的出现打破了RAI长期以来的垄断地位，也迫使RAI进行改革以适应新的市场环境。

二、意大利广播电视业的双轨制

意大利一直没有一部合适的法律来规范地方上空间传输电视信号的行为，于是各地的私人电视台在全国掀起了一场无序的竞争，随着私营电视台规模的扩大，意大利广播电视业出现了公营和私营并存的双轨制。意大利宪法法院[1]提出要求，迫切需要新的法令来规范整个电视行业。

最初电视信号是通过电缆来传输的，所用设备非常简陋，常常是沿着城市街道，从一个阳台连到另一个阳台，但是唯一例外的是西尔维奥·贝卢斯科尼（Silvio Berlusconi）[2]。贝卢斯科尼从地产业起家，在20世纪60年代意大利房地产拥有暴利的时期赚到自己的第一桶金。1974年，他在米兰新建成的居民区"Milano 2"预先安装好了所有的电缆，而没有采用那种简陋的手工式

---

[1] 意大利宪法法院（Corte costituzionale），其主要职能是监督和保障宪法的实施，对国家与各大区的法律及具有法律效力的法令是否符合宪法的争执案件进行审理等。宪法法院由15名大法官组成，其中三分之一由共和国总统任命，三分之一由议会任命，三分之一由最高司法机关任命。

[2] 西尔维奥·贝卢斯科尼（Silvio Berlusconi），1936年9月29日生于米兰，意大利政治家和知名企业家，中右翼党派意大利力量党创始人，AC米兰足球俱乐部的实际领导人和名誉主席，建立了菲宁维斯特集团和梅地亚塞特集团，拥有意大利最大的私人电视台，跨政界、商界、体育界和娱乐界。1994年、2001年、2008年，其领导的中右翼政党联盟在全国大选中获胜，贝卢斯科尼上台组阁。2005年4月20日贝卢斯科尼辞职，22日，总统钱皮授权贝卢斯科尼再次组阁，因此，他一共四度担任意大利共和国总理，并且是二战后意大利任职时间最长的总理。

的装备，这使他大获成功。1976年，一家小型的地方有线电视公司——米兰有线电视（Telemilano）诞生了，成为意大利第一家私人电视台。1978年，该公司在倍耐力公司（Pirelli）①的摩天大楼上安装了天线，使其变成了一个电视信号空间发射台。1980年，贝卢斯科尼将其几年间通过创建、购买、控股等途径收入囊中的20多家地方电视台合并，组建"电视五频道"（Canale 5），成为意大利第一家全国性的私营电视台。

图2.7　五频道标志

1980年，意大利已有972家私人电视台②，但其中大部分并没有进行专业化的运营。除贝卢斯科尼外，有两家重量级的出版社试图在全国电视节目市场中一显身手，它们就是里佐利集团（Rizzoli）和卢斯科尼公司（Rusconi），而蒙达多利集团（Mondadori）此时还在观望。

各个政党的关注也开始从传统的媒体报刊转向广播电视领域。在这方面，天民党凭借执政党的优势和敏锐的直觉走在了前列，意大利共产党则显得有些保守落后、盲目自大，还没能准备好迎接这个新兴事物，仅仅资助了一个在几家地方电视台播放节目的公司，名为NET，但其节目设计非常不稳定。意大利社会党思想前卫、跃跃欲试，并且与贝卢斯科尼关系密切。1978年，社会党提议建立第四网，主要供给私人电视台使用，但遭到共产党的拒绝。因此，共产党与社会党、天民党在政治上决裂。此时，虽然在意大利出现了众多的地方电视台，但它们都无法与RAI抗衡。RAI依然是一家独大，占据着垄断的地位，但贝卢斯科尼在慢慢崛起，很快就给RAI带来了强有力的冲击。

贝卢斯科尼是一个非常与众不同的企业家，他不仅善于从政界获得支

---

① 倍耐力公司，是当今世界著名的轮胎公司，1872年创办于意大利，该公司也是国际米兰足球俱乐部的赞助商。
② MURIALDI P. La stampa italiana dalla liberazione alla crisi di fine secolo[M]. Roma: Editori Laterza, 2003: 216.

持,而且他非常适合从事有挑战性的商业活动,他利用电视这种有"魔力的家电",通过电视节目满足人们的梦想和渴望。

贝卢斯科尼以低廉的价格购买了大量意大利已下线的电影,在五频道(Canale 5)播出,同时引进南美足球联赛、趣味答题竞猜类节目和达拉斯肥皂剧等多种娱乐休闲类节目,使得五频道收视率大增。与此同时,他凭直觉预感到在意大利正在形成庞大的广告需求,而这些广告在RAI和报纸上又找不到出口,于是他借电视台收视率的提升承接了大量的广告,获得可观的广告收入,很快成长为RAI强有力的竞争对手。

1985年,意大利电视台的广告收入已超过了报纸的广告收入,这主要归功于私人电视台的迅速发展。从1976年起,意大利宪法法院对电视业建立一整套法律规范的工作一再推迟,尽管议会在一定程度上进行了干预,但是因为意大利政府总理贝蒂诺·克拉克西(Bettino Craxi)①和一些天民党的温和派在拖延,不论是因为不愿意还是其他原因,意大利迟迟没能出台清晰的法律,而每次推迟后激起的反对声音也变得越来越弱,因为这些娱乐节目在渐渐征服意大利人。正是由于法令迟迟无法出台,使得电视业成为无法律约束的真空地带,为贝卢斯科尼商业电视网的发展提供了时间和空间。

1984年,一个由贝卢斯科尼执掌的电视业巨人——菲宁维斯特集团(Fininvest)在慢慢崛起,它拥有覆盖全国的三家电视网,除五频道外,还有意大利一台(Italia 1)和四网台(Retequattro)。

最初卢斯科尼(Rusconi)拥有意大利一台(Italia 1),他早已意识到在电视业这个法外真空地带做商业电视不仅与做周刊、月刊、书籍完全不同,而且充满了危机,它要求人有一种特别的天分。卢斯科尼同贝卢斯科尼和蒙达多利集团分别谈过交易的事宜,但他最后选择了贝卢斯科尼的方案,将意大利

---

① 贝蒂诺·克拉克西(Bettino Craxi, 1934.2.24—2000.1.19),生于米兰,意大利政治家,曾任意大利社会党中央总书记,社会党机关报《前进报》社长,1983年8月4日至1987年4月17日担任意大利总理,是意大利共和国第一位社会党政府总理,西方"民主社会主义"代表人物之一。曾在1958年、1979年和1987年3次访华,强调要与中国发展友好合作关系。

图2.8 意大利一台标志

图2.9 四网台标志

一台卖给了贝卢斯科尼。

蒙达多利集团旗下的四网电视台原本制定了一项依托即将出台的电视法律而运营的商业媒体计划，但无奈由于管理的严重失误和难以承受的竞争压力，电视台运营举步维艰。四网台几十亿的财政赤字迫使蒙达多利集团总裁佛尔蒙通（Formenton）不得不四处寻求资金支持，当时卡尔洛·德·贝内代蒂（Carlo De Benedetti）[①]和贝卢斯科尼都曾伸出援手，从那时起，尽管佛尔蒙通依然是总裁，但蒙达多利集团已经不再是一个家族企业了。1984年8月，佛尔蒙通与股东们决定将四网电视台卖给贝卢斯科尼。然而地区法官认为，菲宁维斯特集团在没有相关特许权或行政授权的情况下建立和运营电信设施，应予以暂停播放的处罚。两个月后，克拉克西总理的一纸政令认定菲宁维斯特集团的三家商业电视网是合法的，予以恢复播放，该事件引起了不小的轰动。

电视节目不仅拥有娱乐休闲的功能，也被认为是教育和传播信息的工具，人们认为电视作为知识传递的媒介可以帮助消除战后意大利普遍存在的文盲现象。从这个意义上说，它在构建全国统一的语言上的贡献比学校所能做到的要大得多。另外，电视作为一种大众媒介，从20世纪80年代中期以后竞争愈加激烈，各种力量均试图加强对媒体的控制和利用，操控手段不断强化。造成这种现象的主要原因有如下几点：

首先，最主要的原因就是媒体作为大众传播的手段，在后工业时代的信

---

① 卡尔洛·德·贝内代蒂（Carlo De Benedetti），曾任菲亚特集团总裁。

息化社会中发挥着根本性的作用，媒体能够带来可观的经济利益；其次，权力斗争日益激化，尤其在总理克拉克西将意大利社会党打造成一个坚固团结、犹如铁板一块的政党之后，社会党变得充满野心、毫无顾忌，社会党曾经是意大利共产党的竞争对手，但如今它已开始试图挑战天民党在政府中的政治地位；最后，商业电视市场中出现了久经商场磨炼的企业家，在很短的时间内，商业电视就出现了可以与RAI抗衡的寡头企业，并将观众收视率作为电视节目受欢迎程度的最高标准。RAI虽然仍是全国广播电视新闻的垄断机构，但为促进RAI内部的竞争和进步，按照1975年RAI的改革要求，1987年RAI的电视三台和电视新闻三（TG3）交给了意大利共产党，这项决定使RAI内各种政治力量的权力分配更为固化。

20世纪80年代中期以后，贝卢斯科尼在意大利的电视市场上取得的巨大成功在一定程度上影响了欧洲各国的电视政策的走向，此时，整个世界电视业的主导走向是私有化和放松管制，这些欧洲国家已有意向要放弃电视这种公共服务的垄断体制。于是贝卢斯科尼抓住机会将公司扩大，进入法国、西班牙、德国的市场，但是很遗憾没能进入英国市场。

这一时期卫星和电缆的使用为电视业的发展提供了新的空间，也产生了新的潜力，世界上诞生了最早的多媒体帝国。然而在意大利，双寡头的市场结构模式阻碍了技术的进步。RAI和菲宁维斯特集团竞相购买海外的节目，尤其是美国的节目，在这一方面的巨大花费影响了他们对技术进步的投资和制作节目的投入。

三、意大利私营电视集团的发展及其与政治、法律的关系

贝卢斯科尼通过各种手段，对佛尔蒙通家族的持股人各个击破，成功入股并逐渐掌控了蒙达多利集团，成为蒙达多利集团最核心的四个股东之一。贝卢斯科尼的最终目的是将这个拥有《共和国报》《快报》等多家全国发行

的重要报刊的大集团收入囊中。他的收购意图引起了意大利政治和新闻出版界的强烈反响，蒙达多利集团的家族股东卢卡·佛尔蒙通（Luca Formenton）和他的母亲克里斯提娜·佛尔蒙通（Cristina Formenton）对股权的处理决定将会产生严重的政治和经济后果。如果一个庞大的蒙达多利集团落入菲宁维斯特集团老板的手中，那就意味着意大利的传媒体系将全部由一个超级庞大的多媒体帝国操控，这个帝国掌控着电视、报纸、书籍、电影、广告等等领域，而其他集团在它面前将变得微不足道。于是各方力量开始了旷日持久的博弈，甚至在议会中就广播电视混合体系的法律——《马米法》（Oscar Mammì）①进行了一场激烈的辩论。

虽然贝卢斯科尼得到了社会党的支持，但是在1990年3月23日，参议院通过该法律，认定贝卢斯科尼垄断的事实，允许其播放三套电视新闻，但是禁止其涉足或控制报刊业。如果说这仅仅是对菲宁维斯特集团扩张野心的限制而没有削弱它的实力，那么另一个禁令则要伤到它的根基，那就是除在电视节目播放的正常间隔时间外禁止在电视节目播放过程中插播广告。该禁令也被引入《马米法》，这对以广告收入为主要利润来源的菲宁维斯特集团来说可谓是灾难性的。不过很快，克拉克西派的官员在4月声称该法令将进入再次审议的程序，因此并未立即生效，这给菲宁维斯特集团赢得了一个宝贵的喘息机会。

《马米法》的审议程序一波三折，对该法案争议的焦点就是电视节目播放中广告插播的问题，这个过程非常明显地暴露出意大利的传媒业与该国政治、经济之间紧密而复杂的关系。由社会党主席克拉克西提议、经政府总理朱里奥·安德烈奥蒂（Giulio Andreotti）②批准，对该法案的修正案举行信任

---

① 《马米法》，这是一部以当时的邮电部部长、共和党派的奥斯卡·马米（Oscar Mammì）的名字命名的法律，该法律禁止同时拥有出版公司和电视公司，是意大利传媒业领域一部重要的反垄断法律。
② 朱里奥·安德烈奥蒂（Giulio Andreotti, 1919.1—2013.5），意大利著名政治家，天主教民主党人，数次出任多个部门的部长、意大利政府总理。1989年7月22日至1992年4月24日，他第六次出任意大利共和国总理，经历了本次事件的全过程。

投票，在经历无数轮未果的投票后，1990年7月26日，议会再次就插播广告这条法令进行投票，但事后，五位天民党左派的部长辞职以示抗议。安德烈奥蒂为避免政治危机的发生，在几小时内就替换了辞职的部长。这次事件引起了强烈的社会反响，在第二天的报纸上，《共和国报》对此进行了猛烈的抨击，刊文《广告之上的政府》（*Un governo per gli spot*）。

最终，《马米法》删除了禁止电视节目播放期间插播广告的规定，并做了其他一些改动，在8月又返回参众两院进行投票，这一次法案迅速得到通过。1990年8月5日，该法案正式获得批准，即223号法令。

虽然《马米法》已经获得议会的批准，但是蒙达多利集团的分割收购案还未了结，经过多方的磋商，1991年4月30日，贝卢斯科尼与德·贝内代蒂签署协议，蒙达多利集团的期刊、图书出版和印刷业务交给菲宁维斯特集团，《共和国报》及其他地方报纸、《快报》和曼佐尼广告公司的一半分给德·贝内代蒂，最终，菲宁维斯特集团获得蒙达多利集团89.7%的股份。贝卢斯科尼终于还是成功地绕过了法律的限制，入主蒙达多利集团。菲宁维斯特集团收购蒙达多利集团后，在广告领域占据了绝对的统治地位。1991年，据官方统计数据，电视业与报刊业广告数量的不均衡已达到了警戒点，报刊业已经失去了3%的广告版面。

为什么身为意大利共和国总理的安德烈奥蒂要利用他全部的影响力来参与蒙达多利集团拆分这样复杂而困难的事件呢？主要原因有二：一是需要用报纸的所有权来交换菲宁维斯特集团的三个电视网的合法性，即将蒙达多利集团旗下的报纸所有权交给德·贝内代蒂，从而换取议会对贝卢斯科尼的三个新电视网的合法性的批准；二是天民党内部的温和派认为，将一个如此庞大的多媒体集团交到社会党主席克拉克西的好友手中令他们感到深深的不安，安德烈奥蒂作为天民党的领袖，出于对社会党派的克拉克西的提防而有了这样周密而谨慎的考虑。

然而就在《马米法》获得批准的两天后，意大利出现了付费电视台的项目，这是《马米法》中没有规范的领域，而这个项目是由与贝卢斯科尼合作的电影制作发行商切奇·戈利（Cecchi Gori）策划提出的。这个新的电视网名为特来比乌（Telepiù），将开播3个频道，Tele+1为电影频道，Tele+2为体育频道，Tele+3为文化综艺节目频道。公司提供机顶盒，用户需付费收看。虽然表面上看贝卢斯科尼仅占该项目10%的投资资本，但实际上是菲宁维斯特公司负责频道运营、提供电影，并在最初的阶段负责公司的管理。

贝卢斯科尼积极地准备新电视网的启动工作，这项工作主要由埃米利奥·费德（Emilio Fede）负责。尽管特来比乌网还未得到授权（事实上它直到1992年8月12日才正式得到政府授权），但在6月1日新电视频道就已正式开播，这是意大利第一家付费电视网，每天播放20小时的电影，没有广告插播，每晚7点播放新闻，用户每月要付36,000里拉的费用。

从20世纪90年代初开始，公营和私营电视的竞争开始进入白热化。RAI和菲宁维斯特集团的竞争各有优劣，不分胜负。由于受到私营电视的猛烈冲击，RAI的财务状况堪忧。多年来，RAI承担着国家的政治义务，不能完全按照经济利益来投入制作节目，其广告时间也受到严格的限制，而且由于多年来的垄断地位导致团队人员产生惰性，使得RAI的创新性和灵活度不够，没有积极地关注和迎合受众群体的需求和兴趣点，但它的优势在于有广大的受众群体，依靠用户缴纳电视收看费而获得巨额收入，因此它在节目制作和编排方面有充足的经费保证；菲宁维斯特集团的情况刚好相反，它主要依靠广告费为收入来源，依靠购买节目来满足节目编排的需要，其优势在于对观众中的目标人群定位准确，主要凭借商业模式进行运作，但在节目制作方面则缺乏经验。

随着电视业的迅猛发展，《马米法》已无法满足时代的要求，在内容上明显滞后。1993年6月5日，意大利总理钱皮（Ciampi）组织了一个由五位部长组成的委员会，准备为电视系统制定一项新的法律。对RAI来说，议会于6月6日批准通过了新的董事会任命体系，从根本上改变了原有的按照政治力量分配职位的原则，其董事会由原来的16人改为5人，任期两年，这正是新法案预计生效的时间。RAI新的董事会最首要的任务是改善财务状况，彻底改变原来按政治力量分配职位的方式，有报纸评论说RAI终于成为"专业人士的广播电视公司"。

1993年3月，贝卢斯科尼曾在一次会议纪要中表达出想要从政的强烈意愿。这一次，电视替代了报纸，成为政治选举的主战场。贝卢斯科尼凭借自己庞大的传媒集团形成强大的舆论攻势，于1994年成功赢得大选，成为二战后意大利第53届政府总理。RAI成为他竞选过程中的首要打击目标，而RAI则在帕维亚大学内设立了一个调查选举的观察站，得出的结论是：肩负着提供公共服务责任的RAI中的节目要比菲宁维斯特集团的节目更加公正，没有偏见。这也暗指贝卢斯科尼操纵媒体、引导公众的态度进而影响选举结果。

在选举过程中，电视新闻、谈话类节目、主要的新闻报纸给各种不同的政治理念太多的空间，在这个供给非常充分甚至混乱的市场中，愿意一直观看这些政治口水战的观众毕竟是少数，于是限制电视上过多的政治宣传的呼声变得越来越高。1995年1月，新一届政府上台，新政府面临的最紧迫的任务就是制定选举宣传法令，尤其是针对电视广告中的政治宣传的法律规范。电视相关的一些问题成为国家的焦点问题，电视对选举结果影响力的争论变得异常激烈，争论甚至由此延伸到了关于直接民主制、代表制、委托制，以及与电视有关的政变等话题。

电视业虽然给报刊业等传统媒体带来了冲击，但其自身也在经历着动荡和变化。第一个变动是由菲宁维斯特集团控股的梅地亚塞特集团（Mediaset）向外国股东转让了20%的股份，但该变动并不会影响贝卢斯科尼的控股权；第二个是蒙特爱迪生公司（Montedison）的特来蒙特卡洛电视公司（Telemontecarlo）转入了维多利奥·切奇·戈利（Vittorio Cecchi Gori）手中，切奇·戈利是意大利最大的电影制作商，此前已经购买了音乐录像公司（Video music），他是贝卢斯科尼的重要合作伙伴。在20世纪末，特来蒙特卡洛电视公司并入了七频道（La 7），归入倍耐力旗下，但是受众面很有限。

《马米法》的修改依然任重道远，无论是为了满足民主社会发展的需要还是利于传媒领域的健康发展，新条款的加入或替换都显得异常艰难。1995年末，时任意大利总理的兰贝托·迪尼（Lamberto Dini）①所领导的政府关于竞选宣传的平等条件的政令也没能变成法律。

此时的世界舞台正在发生着革命性的变化，互联网正在兴起，多家多媒体巨头屹立于世界。1996年，时代华纳完成对泰德·特纳（Ted Turner）的CNN的收购，从而超过迪士尼公司成为世界最大的传媒集团。而意大利的电视领域依然是双头垄断——胆大自负的菲宁维斯特集团和受政治力量牵涉过多的意大利广播电视公司，但要求对电信体系进行调整和针对RAI的争议越来越多。

1996年，中左派政府上台后，试图对电信系统和电视领域进行改革，推动行业立法规范，然而遭到贝卢斯科尼为首的右翼势力的猛烈攻击。右翼势力极力破坏由总理马西莫·达莱马（Massimo D'Alema）②推动的议会两院的立法改革，阻止其对电视系统制定新法令以及改革RAI董事会的选任规定。面对贝卢斯科尼及其追随者们咄咄逼人的态度，报纸和电视节目也渐渐清晰地分为左右两派，政治势力再一次将媒体割裂，RAI中的布鲁诺·维斯帕（Bruno Vespa）和米凯莱·桑托罗（Michele Santoro）制作的电视节目的政治路线愈加泾渭分明③。

---

① 兰贝托·迪尼（Lamberto Dini），生于1931年3月1日，1995年1月17日至1996年1月11日任意大利总理，辞职后转任看守内阁总理，无党派人士。
② 马西莫·达莱马（Massimo D'Alema），生于1949年4月20日，意大利政治家，曾为意大利共产党员，后担任意大利左翼民主党主席，在1998年10月21日至2000年4月25日任意大利总理。达莱马对中国持友好的态度，重视对华合作，曾多次访问中国。
③ 布鲁诺·维斯帕（Bruno Vespa）和米凯莱·桑托罗（Michele Santoro）都是当时RAI著名的电视节目制作人，维斯帕曾在国家电视台一频道创立了一档王牌对话类节目《门对门》（Porta a Porta），主要关注国际局势、国内政治、经济、民生等多领域的社会热点话题，具有深远的政治影响力。桑托罗认为电视就是现实的反映，反对任何形式的政治干涉和审查。

2001年5月23日，贝卢斯科尼领导的中右翼联盟击败了中左派的"橄榄树联盟"，贝卢斯科尼作为意大利最富有的人、三家电视网的老板，再次出任意大利总理，并掌控了参众两院的大多数议员。他的当选引起国内外媒体的热议，甚至《纽约时报》都评论说他是一个民主原则的破坏者。

按照意大利根深蒂固的惯例，当选总理者掌控意大利广播电视公司，那么贝卢斯科尼就成了同时掌控公共电视台和私人电视台的总理，加上他直接或间接控制的报刊，贝卢斯科尼对意大利的整个传媒行业形成了绝对的垄断。在他上任后，很快就公开宣布将两名成功的节目制作人从RAI解雇：一个是恩佐·比亚吉（Enzo Biagi），他是RAI一频道《事实》（Il fatto）栏目的制作人；另一个是米凯莱·桑托罗（Michele Santore），RAI二频道广受欢迎的讽刺类节目《擦鞋童》（Sciuscià）的节目制作人。两人的节目也同时下线。

四、意大利的两大广播电视传媒集团

如今，意大利广播电视市场依然是两强相争，即公营的意大利广播电视公司和私营的梅地亚塞特集团。

20世纪80年代是意大利广播电视公司进入市场化运作的时期，RAI曾实验性地推出了Teletext、聋人字幕和Auditel评级调查。随着技术的进步，从20世纪90年代后期起，卫星付费电视、地面数字电视、网络电视纷纷出现，并且相互融合，意大利的两大传媒巨头都在积极地适应新的技术环境，在新领域展开竞争。

1996年2月，RAI启用官方网站"www.Rai.it"，正式进入网络领域。到1997年年底，它通过卫星推出了首批三个数字频道。2003年年底，RAI董事会批准成立了意大利地面数字电视发展协会。2004年1月，RAI在新平台上推出了第一个产品，开创了意大利电视市场发展的新时代。

RAI作为意大利公有的广播电视集团，下设五个公司分别处理不同的业务：

（1）RAI广告公司（RAI Pubblicità）：负责所有频道的广告业务和推广业务。

（2）RAI商业公司（RAI Com）：负责通过一切可利用的方式将RAI所有产品向全世界进行推广并维护其权益。

（3）RAI技术公司（RAI Way）：该公司主要负责管理和开发广播电视传输和广播网络，并向商业客户提供服务。公司拥有丰富的技术专利、工程专利、管理经验以及大量的基础设施，在国家一级广播和电视信号传输和覆盖领域占有绝对优势。该公司有600多名专业水平高的员工，并定期进行特定培训，同时保证人员的补充和更新。该公司也注重与其他公司合作，为它们提供网络发展和信号传输的方案。该公司覆盖全国，在罗马有一个总部，在23个地区设有办事处，在意大利各地有2300多个站点。

（4）RAI电影公司：负责在意大利和国外收购和管理视听、电影、电视、多媒体作品的使用权；它还负责管理电影制作，以促进意大利电影业的发展。

（5）TivùSat地面数字信号公司：负责管理意大利免费卫星平台，该平台的创建是为了促进电视广播向地面数字电视广播过渡。与其他欧洲国家的经验相类似，该公司除了整体复制大众视听产品和建立新的电视频道外，还提供意大利国内外的许多其他高清频道。

贝卢斯科尼作为传媒界的巨头也不甘示弱，他于1987年成立了梅地亚塞特集团，该集团是一家股份制公司，在米兰和马德里上市。在意大利商业电视领域中，它的观众份额和广告市场份额遥遥领先。它拥有三个主要的综合电视网和一个涵盖面广、内容丰富的免费和付费专题频道组合包，并采用多种形式播放，包括有线电视、无线电视以及智能电视（OTT TV）。它专门从事娱乐、电视剧、电影、新闻、体育、多媒体内容和广告销售等多平台的制作和发行。在广播领域，梅地亚塞特广播公司（Radio Mediaset）在意大利处于领先地位，通过五个覆盖全国的大广播电台获得了数量庞大的听众。

梅地亚塞特集团的主要业务范围：

（1）免费的综合频道。共3个：五频道（Canale 5）、意大利一频道（Italia

1)、四网频道(Retequattro);

(2)免费的专题频道。共有11个：Iris、La5、Mediaset Italia2、Mediaset Extra、Top Crime、20、Cine34、Focus、Boing、Cartoonito和全新闻频道 TgCom24。

(3)节目制作。每年直接制作超过12000小时的娱乐节目、电视剧、新闻和体育节目。它与美杜莎电影公司一起活跃在电影制作和发行领域，与陶德公司(Taodue)一起开发电视剧和电影的制作。

(4)新闻制作。每个综合频道制作自己的新闻节目，如TG5、Studio Aperto和TG4，每天共有13个新闻版本。News Mediaset的内部新闻机构为所有TG、信息娱乐节目的制作提供服务，并为全新闻频道TgCom24提供资料，TgCom24是意大利领先的在线新闻频道。Video news是专门制作在白天和晚上黄金时段播出的谈话节目和提供新闻服务的公司。

(5)点播流媒体。梅地亚塞特集团电视节目的综合频道中大量的内容可以免费在线收看直播或点播，它提供一个金字塔式的节目储备，位于金字塔塔尖的是"Mediaset Infinity"，这是一个在线节目平台，拥有梅地亚塞特集团最好的节目和一些高质量的点播内容，通过简单的订阅，观众可以访问金字塔顶端的"Mediaset Infinity"，享受独家播放的电视节目（最新的电视、电影、电视剧和垂直频道）以及欧洲冠军联赛等最受欢迎的节目。

(6)广播电台。拥有R101电台、R105电台、维珍电台、Subasio电台和Montecarlo电台，是意大利实力雄厚、听众众多的顶级广播集团。

(7)广告。梅地亚塞特集团拥有两个全资电视广告特许公司(Publitalia '80和Digitalia '08)，在与蒙达多利集团合资创建的跨媒体特许公司Mediamond中拥有50%的股份。Publitalia '80是欧洲电视广告公司的领导者，为综合网络(Canale 5, Rete 4, Italia1)和免费的专题频道收集广告。Digitalia '08是完全致力于付费频道的广告公司。Mediamond管理梅地亚塞特集团与第三方的在线活动，以及蒙达多利集团下的电台和杂志。

RAI与梅地亚塞特集团的竞争依然在继续。总体上看，RAI承担着政府大众宣传的喉舌功能，受众面更广，以电视收看费为主要收入来源，收入稳定，但在节目编排制作、运营开支、人员开支方面大大超过梅地亚塞特集团，这也常常成为它被诟病的地方。集团人员臃肿，开支浪费严重，效率低下，设备相对落后；相反，梅地亚塞特集团却表现出了稳定且强大的实力，商业模式的运作理念使得集团的管理更严谨，成本控制更严格，技术设备更先进；总之，两者各有优势，在竞争的同时也在寻求合作互利。

21世纪初，意大利于2001年通过了第66号法律，计划在2006年取消模拟传输技术，推动地面数字传输技术的发展，后来这个计划推迟至2008年年底。2008年9月24日，RAI与梅地亚塞特集团和意大利电信媒体公司（Telecom Italia Media）共同成立一家新的公司：电视有限责任公司（Tivù S.r.l.）。从2009年7月31日起，该公司推出了免费的卫星平台Tivù Sat，提供免费的地面数字电视服务，以求共同推进意大利的电视播放由模拟信号向地面数字信号的转变。2012年7月，在意大利南方卡拉布里亚大区和西西里大区的一些地方完成了信号设备升级，全意大利境内最终完成了向地面数字信号的升级转化。由此，电视播放形式更加多样，电视与不同媒介的边界也变得模糊，换句话说，意大利的传媒进入了融媒体时代，在线电视、移动电视、网络电视、点播电视纷纷出现。电视的多媒体融合产生的影响是广泛而深远的，它不仅涉及生产的因素、技术的进步、消费模式的变化，而且涉及商业战略和模式的改变、适合不同需求和设备的内容的制作和传播。

从这个角度出发，我们可以看到，意大利的电视业在两大巨头的竞争中不断适应新的技术环境，随着时代的变化而发展。在面对网络带来的冲击时，它积极主动地与网络融合，这是它对不同媒介边界进行反思的结果，是可视产品增值的途径，促使带有网络特征的电视工业实现社会与文化方面的融合与创新。

第四节 网络时代的电视业

网络的迅速发展,智能手机的普及,使人们无论何时何处都可以深度互联,新兴媒体不断地创新融合,竞争也日趋激烈。2013年12月,梅地亚塞特集团推出Infinity TV;2014年4月,英国天空电视台(Sky)的Now(原来叫作天空在线)登陆意大利;2015年,美国的奈飞(Netflix)正式进入意大利;2016年,RAI的RAI Play数字流媒体平台投入运营。所以在新的网络时代,电视业的竞争已不仅局限于本国的企业,竞争平台已扩大到全世界。

意大利的电视产业在新时代中的一个显著的特点就是"电视在电视之外",即人们可以用不同的设备收看电视,一方面,人们仅缴纳较低的费用就可以在制作传播音视频的网站上"看电视",如奈飞、苹果(Apple)、迪士尼等都是流媒体智能电视(OTT TV)领域的主要公司,而这些公司不需要支付任何转播费或在线管理费,运营费用也非常低。观众们不需要下载即可观看心仪的节目,用户缴纳的会员费通常也低于传统的电视收看费。这些公司通常为英美的公司,规模大、实力强,对意大利的电视产业构成了较大的挑战。另一方面,意大利家庭中可以观看电视节目的设备数量也在显著增长,2021年11月19日,CENSIS公布的一项统计报告中指出"所有的屏幕数量都在增长:无论大的小的、固定或移动的,一个意大利家庭平均有5台设备,意大利家庭中总设备数量甚至超过了1.19亿台,智能手机数量最大,并还在持续增长,相比2019年,增长了8.9%。此外,其他数量在增长的设备主要有电视、个人电脑和笔记本电脑"[①]。

表2.2 意大利家庭的视听设备情况

设备	2021年(百万)	2019—2021年增长率(%)	2019—2021年变化绝对值
电视设备	43.1	1.0	441,000

---

① Centro Studi Investimenti Sociali. L'Italia multiscreen: dalla smart-tv allo schermo in tasca, così il paese corre verso il digitale [R]. Roma: CENSIS, 2021.

续表

设备	2021年（百万）	2019—2021年增长率（%）	2019—2021年变化绝对值
外接智能电视	15.3	46.6	4,863,000
联网的个人电脑	19.9	6.4	1,191,000
笔记本电脑	7.7	21.2	1,347,000
智能手机	48.7	8.9	3,981,000
总设备数量	119.4	6.2	6,960,000
家庭平均设备数量	5.0	0.4	—

资料来源：CENSIS调查报告

网络时代更有利于娱乐服务的个性化，产生了更加多样又复杂的用户需求。表面上看，网络似乎使全球都趋于同质化，世界各地人们的联系通过网络变得更加紧密，都在接受着相同或相似的信息，但实际上这并非真实的全貌。点播电视用户的增加，具有特色的个性化服务，越来越凸显出意大利大众口味的多样性，也为电视业的发展提出了更挑剔的要求。

在新冠疫情暴发后，意大利经历了两次封锁，但却为电视业带来了生机，就全天的平均收视率而言，RAI的频道在第一次封锁时（3月至5月）获得34.6%的增长，在第二次封锁时（10月至12月）获得10%的增长，梅地亚塞特集团的频道收视率增长分别为34.7%和12.1%，而天空电视台的收视率也有一定的增长，第一次封锁时增加15.9%，第二次增加3.2%[1]。可见，尽管收看电视节目的方式变得更加多样，但收看电视节目依然是人们休闲的主要方式，是接受信息的主要途径。疫情前后，意大利人对各类电视节目的关注度也有变化，如表2.3：

表2.3 最受关注的电视节目（2019/2021年） （%）

	2019年	2021年	2019—2021年的变化
国内政治	42.4	39.7	-2.7
科学、医学、技术	27.7	33.4	5.7

---

[1] Confindustria Radio Televisioni, Auditel. Impatto COVID-19 sugli ascolti TV in Italia Anno 2020 [R]. Roma: CRTV, 2021: 18-19.

续表

	2019年	2021年	2019—2021年的变化
生活、旅游、美食	28.0	28.5	0.5
犯罪消息	26.1	27.9	1.8
体育	29.4	26.3	-3.1
文化	26.7	24.8	-1.9
娱乐新闻	18.2	18.2	0.0
经济	15.3	15.8	0.5
国际新闻	10.5	10.6	0.1

资料来源：CENSIS调查报告

由表2.3[①]可见，意大利人对体育节目和国内政治节目关注度的降低最为明显，而对科学、医学和技术节目的关注度明显上升。这说明，受疫情影响，电视作为意大利的一个重要的、影响广泛的大众媒体，其对新冠病毒的解读类节目更多地受到人们的关注，在引导公众进行科学防疫、理性面对疫情等方面发挥了重要作用，同时也发挥了社会舆情导向作用。

伴随着电视的普及和电视节目的日渐丰富，大众消费者渐渐养成了"电视依赖症"，电视获取了大量的广告资源并占据人们大量的休闲时间，潜移默化地改变着人们的生活方式和思想观念，这已是现代社会不可回避的事实。随着网络时代的到来，电视业面临着更大的机遇与挑战，传统模式在与网络的融合中走向了更广阔的市场，但也需面对来自多方面的竞争。相比英、美、德、法等国家，意大利的电视业在融媒体时代的应对还略显落后和迟缓，民众对于付费电视的接受度还有待提高，这与意大利人习惯于享受免费的公共服务、较为保守的思想状态不无关系，因此意大利电视业还需更加积极主动地进行技术、管理、理念上的更新，追随时代发展的潮流，以期在融媒体时代激烈的竞争中占据一席之地。

---

① 调查统计中，可能有人进行多选，故合计可能超过100%，后不赘述。

思考题

1. 意大利的广播业为什么能在科技不断发展、面临各种外部竞争的压力下持续发展？请分析一下其中的原因。

2. 意大利的私人电视台是如何发展壮大的？得益于哪些重要的因素？

3. 什么是意大利广播电视业的"双轨制"？它是如何形成的？又会带来怎样的影响？

4. 意大利的主要广播电视集团有哪些？简要介绍一下。并着重分析它们与意大利的政治、经济、文化有怎样的关系。

5. 梅地亚塞特集团曾推出一档大获成功的真人秀电视节目 *Grande Fratello*，请结合该节目的特点，分析其成功的原因以及意大利大众文化的特点。

第三章 意大利的网络与新兴媒体

● 导 语 ●

时代的车轮在滚滚向前,技术的飞跃带动着人类社会发生了日新月异的变化,互联网、数字化、全媒体、社交平台,迅速涌入人们的生活,无论是在公共空间还是私人领域,网络都已成为人类社会无法剥离的一部分。而凭借网络蓬勃发展起来的新兴媒体业已成长为一股强大的新生媒体力量,影响并改变着人们的工作和生活、人们对世界的认知,以及信息获取的途径和方式,进而影响并改变着大众文化。

第一节 意大利互联网和社交媒体的发展历程

当今社会是一个信息社会,人类社会早已跨过了工业时代、后工业时代,进入了信息技术时代。信息技术带来了经济、社会结构、政治和文化等方面的多种新的现象,比如在公共领域内媒介所承担的新的社会功能、信息交换的社会经济价值、传媒体系的变革、信息新技术的传播和广泛应用、工作地点和自由娱乐时间的计算机化、网络在公共和私人领域的频繁使用等。这种种新的社会现象彼此是有内在的紧密联系的,它们的变化和相互影响勾勒出时代的"文化进程",是推动发达的后工业社会产生社会变化的一股洪流。意大利作为发达的工业国家之一,在这场社会变化中,它是如何应对、如何融入这场洪流之中的呢?

20世纪90年代,互联网作为一种新兴的事物开始进入意大利人的生活。意大利的传统媒体开始努力与互联网相融合,人们也开始通过网络与世界交流,获取信息。时至今日,网络已成为个人学习、工作、生活中必不可少的一部分,10个意大利人中就有9个使用网络与家人和朋友联系。网络上的关系打破了物理距离,对于出生在互联网时代的人来说,接入互联网已成为人们要求的一项基本权利。意大利人期待着高度数字化的生活,也期待着网络连接更加便利。而技术的发展,网络的普及,不仅极大地改变着信息传递的模式、传媒业的格局,而且也在改变着人类的生活方式、人的观念、人与人之间的关系,给大众文化带来了深刻的影响。

今天,我们说到信息社会,是指信息技术、文化产业、电信系统、计算机、信息网络、多媒体和信息文化的融合体,信息拥有与商品同样的价值和文化意义,"非物质经济"的财富迅速增长,我们的社会处于一场"文化进程"当中。这场文化进程不仅涉及高度工业化的国家,而且也为发展中国家带来了社会文化的变化。

1969年,斯坦福大学和加州大学洛杉矶分校的计算机采用Arpanet实现了首次连接,从此宣告互联网诞生。1973年,互联网跨越了大西洋,与伦敦大学建立了连接,互联网自此进入了欧洲。1983年1月1日,Arpanet从NCP协议切换为如今我们所熟知的TCP/IP协议,欧洲着手建立运动信息网(MINET),并于9月接入互联网。1986年,欧洲希望实现开放系统互连(OSI),但美国使用Internet/Arpanet协议,欧美之间出现了一场所谓的协议之争,最终美国获得了胜利。1989年,欧洲提供互联网服务的公司建立了RIPE(Reseaux IP Europeans),为欧洲的IP网络提供管理和技术上的支持。

同年，意大利同德国、荷兰、英国一起接入了NSFNET。至此，互联网一直服务于国家、官方机构、大学等科研机构，主要是官方的工作用途。

进入20世纪90年代，互联网门户网站崛起，商业化互联网出现，网络开始进入普通人的生活，成为贴近大众的新媒介。1991年，第一个网页、第一个基于内容的搜索协议Gopher创建，CERN发布了由Tim Berners-Lee开发的World Wide Web（www），也就是我们至今一直在使用的万维网。1992年，国际互联网协会（ISOC）成立，之后联合国、世界银行、美国白宫等重要的机构开始提供在线服务，互联网开始引起了商业界和新闻界的注意。1993年，万维网在互联网上的通信量年增长率达到341.634%，Gopher的年增长率更是飙升到997%。互联网开始变得更容易接近普通大众，对非技术人员更加友好。从1994年起，美国的一些社区开始接入互联网，参众两院也开始提供信息服务，在美国出现了最早的网上购物、通过网络订外卖等活动。第一家网上银行First Virtual开始营业，电台表现出了极强的技术敏感性，作为大众媒体率先开始在网上不间断地播放音乐广播。

欧洲成立了欧洲科研与教育网联盟（TERENA），它包括38个国家、CERN和ECMWF，其目标是为科研与教育服务，推动并参与国际高性能的信息与远程通信基础设施的开发。此外，其他国家的政府机构，如日本首相、英国财政大臣、新西兰总理均开始提供在线服务。

1995年，被视为网络商业化的第一年。技术的发展使网络支付更加安全，亿贝（eBay）和亚马逊（Amazon）均在这一年成立，后来发展成为庞大的在线购物公司。同样在这一年，域名注册不再免费。

1997年，"网络博客"一词出现；1998年，谷歌上线，开始改变人们在线搜索信息的方式。互联网在20世纪的最后十年在疯狂地扩张，迅速膨胀，然而互联网带来的经济泡沫却在刚刚进入21世纪后迅速破灭，给投资者造成了巨大损失。

虽然互联网公司的破产仍在继续，但是互联网并没有因泡沫破碎而一蹶不振。21世纪之初,互联网不再局限于信息的传递,而是更多地拥有社交、娱乐和消费的属性。2001年,维基(Wiki)推出,这是一家集体网络内容生成的网站,它为社交媒体的出世铺平了道路。2003年,MySpace诞生,用户可建立个人的网络空间,好友之间可以互动留言,这使它一度成为最受欢迎的社交网站。

2004年,"社交媒体"进入了人们的视线,人们可以在网络上创建和共享内容,并相互联系,同年,Facebook推出,并迅速取代MySpace成为最受欢迎的社交网络媒体。

2005年,YouTube上线,这是一家流媒体视频网站,为大众带来了大量免费的在线视频,用户量激增;2006年,Twitter开始投入使用;2007年,电视节目被放到网上,提供在线观看服务,同年,iPhone横空出世,3G通信技术应用开启了移动网络时代的大门,一部智能手机就能够满足人们日常的沟通、联络、搜索等网络需求,极大地改变了人们的生活。从3G到后来的5G,移动互联时代,人们的生活变得越来越便利,越来越智能化和优化。

智能手机、笔记本电脑、台式电脑、平板电脑、智能电视、视频游戏机、智能手表,各种花样翻新的互联网设备出现在人们的视野中。意大利有91.5%的数字设备用户习惯性地使用它们来连接到网络。截至2018年,在意大利人家庭中,有超过4300万台电视机、560万台台式电脑、1400万台笔记本电脑和740万台平板电脑。97.1%的家庭至少拥有一台电视机,22.1%的家庭拥有台式电脑,48.1%的家庭拥有笔记本电脑,26.4%的家庭拥有平板电脑,19.3%的家庭至少有一台可联网电视,或者是智能电视,或者是通过外部设备连接到网络的传统电视设备[①]。

2018年,82.2%的意大利家庭拥有互联网连接,占户主年龄不超过34岁的家庭的98%,48.8%的家庭同时拥有家庭网络连接和移动网络连接,另外

---

① Centro Studi Investimenti Sociali. Convivenze, relazioni e stili di vita delle famiglie italiane [R]. Roma: CENSIS, 2018.

31.9%的人只有移动网络连接，使用其余连接方法的比例要低很多；无网络连接的家庭占17.8%，相当于430万人，其中65岁以上的老人的家庭占大多数，达到41.4%。而户主为34岁以下人群的家庭网络的普及性更高，尤其是移动网络连接，在这些家庭中，每个人随时随地都能连接网络，而这些人正在成为未来社会的主角。如果只考虑到互联网的连接，人们会发现智能手机是这个网络社会的连接主体。超过99.3%的家庭中年轻的千禧一代拥有智能手机，并且随时联网。49.6%的家庭至少拥有一个网络宽带，41.7%的家庭拥有ADSL连接，6.9%的家庭是光纤连接，还有1%是卫星连接。

网络宽带连接还呈现出较为明显的区域化特征，意大利的中部地区55.6%的家庭、西北部地区54.3%的家庭、东北部地区49.7%的家庭、南部和岛屿地区41.9%的家庭拥有至少一个宽带连接。同时网络宽带连接还与家庭的经济状况有明显的关联，从低水平家庭的30.6%，到中等水平家庭的35%，最后是高水平家庭的64.6%，家庭的经济状况越好，网络宽带连接的比例越高。这两组数据反映出意大利的经济发达地区，如中北部，网络连接更为普遍，而南部落后地区网络连接则相对少，经济条件越好的家庭联网率越高。

大众传媒在经历几百年的发展后，在最近的几十年不断探索、尝试与计算机和多媒体进行深度融合。传统的大众媒体对公共领域和私人生活依然保持着广泛的影响力，传统媒介中最具有影响力的依然是电视。在新时代，电视与新技术相结合，出现了数字电视、有线电视和卫星电视，这些以计算机和互联网为基础进行人与人之间的互动和沟通的方式日渐成为与传统电视相比肩的新兴媒介。

2021年，在意大利，超过730万人在互联网上观看与传统电视同时播出的电视节目，比前一年增长了24.6%，其中420万人使用智能手机观看；有2400万人连接到互联网并使用特定的免费或付费应用程序浏览信息、观看电影或节目，与前一年相比实现了爆发式增长，达到48.4%，其中有1660万人甚至每周要反复观看多次。大多数人使用多个设备联网，其中有74.4%的用户使用至少两个设备连接网络，有71.7%的人（其中93%是年轻人）声称他们随时随地都在使用网络。在连接网络的场所方面，家是最主要的联网场所，占92.3%的比例；其次是工作场所，占56.2%；学习场所位列第三，37.2%的学生需要在该场所联网学习；此外还有街道（占20%）和公共场所（占4.6%）。

大多数意大利人在日常工作和生活中可以很容易地进行数字联网，事实上，有90.3%的用户拥有适合他们需求的数字设备，73%的用户家庭中有可专门供自己使用的设备。2021年，CENSIS的调查显示，意大利所有家庭内共有1.194亿块电子屏幕，与2019年的1.12亿块相比增长了6.2%，实现平均每个家庭有5块电子屏幕；2160万个家庭有互联网连接，占意大利所有家庭总数的90.2%，相比2019年增加了6.2%；同时拥有家庭网络和移动网络的人占59.4%，较2019年同样增长了6.2%。在家庭中，67.9%的用户拥有属于自己的独立房间可以联网，71.1%的用户在家庭中的每个房间都有功能良好的网络连接设备[1]。

由以上调查数据可见，意大利的网络连接和数字设备普及度非常高，网络给人们的工作和生活带来了便利，而网络连接的便捷又进一步推动了用户对网络的使用和依赖。

有超过三分之二（70.4%）的意大利人认为数字化可以使他们的生活更加便利，其中，74.7%的大学毕业生和73.2%的年轻人这样认为。对于意大利人来说，这是真正意义上的变化，即人们生活变得更好了。因为数字化使人们能够更好地开展活动，避免许多不便之处，并增加人们选择的机会。简而言之，数字化无论曾经还是现在都有力地推动和促进了个人和集体的福祉。

---

[1] Centro Studi Investimenti Sociali. La digital life degli italiani [R]. Roma: CENSIS, 2021.

第二节　意大利互联网和社交媒体的发展现状

一、各种媒介消费分布概况

依据CENSIS的调查报告[①]，2021年，意大利人使用不同媒介的消费分布情况为：

第一，电视消费经历了大幅增长。电视因提供高质量信息和娱乐的功能而恢复了在人们心中的地位和重要性。一方面，这是传统的地面数字电视和卫星电视用户群稳步增长的结果；另一方面，互联网电视和移动电视显著增加，互联网电视包括网络电视和智能电视，占电视用户总量的41.9%，在2020—2021年新冠疫情的两年间，上涨了7.4%。2021年，智能电视总数超过1500万台，并成为建立个性化节目单和上网的工具；移动电视的用户从2007年占全国人口的1%上升到2021年占全国人口的33%，在2020—2021年增长了5.2%。由于疫情原因，人们有更多的时间在家里，导致人们花在电视和其他电子屏幕前的时间更多了，人们浏览信息和娱乐的需求日益增长，观看流媒体电视的时间变长。

第二，广播依然在融媒发展整体进程中占据着最前沿的位置。意大利的广播听众占总人口的79.6%，并且一直保持稳定，但通过传统设备在家收听广播的听众比例下降了2.1%，通过车载广播收听的听众比例下降了3.6%，通过电脑联网收听广播的听众比例占到20.2%，用智能手机收听广播的人占23.8%，后两种收听广播的方式在最近两年增长显著，分别为2.9%和2.5%。

第三，互联网用户持续增加。在2009年，仅有15%的人口使用智能手机，而到了2018年使用智能手机的人达到73.8%。2018年，使用互联网的意

---

① Centro Studi Investimenti Sociali. I media dopo la pandemia [R]. Roma: CENSIS 2021.

大利人达到78.4%，相比2007年增长了33.1%。2018年，社交网络用户达到72.5%，其中，WhatsApp的用户持续增加，67.5%的意大利人使用WhatsApp，其中年龄在30岁以下的用户占用户总数的81.6%；全国有超过一半的人口使用两个最受欢迎的社交媒体：Facebook和YouTube，Facebook的用户占56%，YouTube的用户占51.8%；Instagram的用户占26.7%，相比之前有显著增长，而Twitter的用户占12.3%，呈下降的趋势。在2019—2021年间，互联网在意大利也获得强劲的发展，互联网用户增长了4.2%，占意大利人口的比例达到83.5%；与此同时，智能手机用户上升至83.3%，相比2019年上涨7.6%；社交媒体的用户同样增长迅速，达到了76.6%，两年内上升了6.7%。2021年，近5000万4岁以上的意大利人至少连接过一次互联网，占意大利总人口的85.6%，其中4400万人经常连接网络，占人口总数的76.1%，受疫情的影响，在新的数字化生活的推动下，该数据相比2019年增长了8.9%。2021年，4250万意大利人经常用智能手机联网，经常用笔记本电脑联网的人增加了1400万，相比2019年增幅达40.5%，使用平板电脑联网的人增加了620万，增幅为19.6%，使用台式电脑联网的人增加了440万，增幅为7.0%。值得注意的是，在意大利，4—17岁的未成年人中，有600万人至少上过一次网，占该年龄段人口总数的79.2%；有500万未成年人经常上网，占比达到64.0%，其中140万人是4—10岁的儿童，占该年龄段儿童的39.7%。

第四，印刷媒体的读者在消失。2007年，有67%的意大利人阅读报纸，到了2018年，该比例已降至37.4%，尽管报纸业正在努力向在线付费报纸转型，但是在线报纸用户的出现远没能抵消纸质报纸读者的流失，有46.1%的意大利人会选择免费的信息门户网站或在线新闻综合网站。同时，纸质图书的读者在流失，但电子书的读者却在增加，截至2021年，每十个意大利人中就有一人读电子书，增长率达到2.6%。而在疫情封锁期间，阅读超过3本书的人占到了全国人口的25.2%。无疑，疫情使人们重拾书本，再次接近了阅读。

第五，媒体消费的代际差距较大，年轻人在数字通信系统中反应迅速，能够更积极快速地利用数字时代提供的一切机会。2018年，在30岁以下的人口中，互联网用户占比超过90%，65岁以上的互联网用户比例则稳定在42.5%；86%以上的年轻人使用智能手机，但只有35%的老年人使用智能手机；年轻人中70%以上注册了Facebook，并且使用YouTube，但老年人中仅有20%；一半以上的年轻人浏览信息网站，但老年人中仅有五分之一；看网络电视的年轻人占46.6%，而老年人仅占9.5%；35.6%的年轻人通过手机听收音机，而老年人中只有4.3%；在使用Twitter的人群中，有25%的年轻人和2.6%的老年人。

智能手机是最适合随时随地观看和收听音视频的工具，其数量一直在不断增长，2021年，意大利人的智能手机拥有量已超过4800万部。在14—29岁的年轻人中，CENSIS对媒介使用情况进行了进一步的调查。总体上92.3%的人使用WhatsApp，82.7%的人使用YouTube，76.5%的人使用Instagram，65.7%的人使用Facebook，53.5%的人使用Amazon，41.8%的人使用视频会议软件平台，36.8%的人使用Spotify，34.5%的人使用TikTok，32.9%的人使用Telegram，24.2%的人使用Twitter。

在大于65岁的老年人中，调查发现，使用互联网的比例在显著上升，从42%上升到51.4%，社交媒体的老年人用户也从36.5%上升到47.7%。在疫情期间，与家人联系的需求对于促使老年人接近网络和社交媒体起到了推动的作用。

2018—2021年的数据对比表明，虽然在网络发展的初期，代际之间差距较大，但随着时间的推移，老年人们也在积极地顺应现代社会科技发展的潮流，努力地接近网络和社交媒体。可见，网络技术和新媒体对当今社会的影响之深、之广。

二、信息源细分

当今的社会是一个充斥大量信息的社会，人们接收信息的途径更加丰富多元，各种媒体平台在相互博弈中争取广泛的受众。了解意大利民众的信息源分布情况，对于研究意大利的大众传媒有重要的意义。

如今，虽然电视新闻依然占据着大众媒介信息源第一的位置，但是网络已成为人们获取信息的主要途径，权威机构的网络新闻的地位亦不容小觑。在2021年的调查中发现，60.1%的意大利人在最近七天内通过电视新闻获取信息，排名第二的是社交网络Facebook，有30.1%的意大利人七天内使用Facebook作为信息来源。使用网络搜索引擎获取信息的用户增长明显，它是除电视新闻外，最受14—29岁年轻人欢迎的一种方式。在16个信息源中，依赖网络和移动客户端的新兴信息渠道占据了10个位置，传统媒介除了电视依然牢固地占据着首位之外，纸质的报纸、期刊均占据很小的比例，并且在最近两年中其用户显著下降，日渐式微。纸质媒介面临的形势较为严峻，它主要是老年人获得信息的一种方式，对年轻人吸引力极小。但从另一个角度看，在线报纸的用户数在增长，这种趋势也在促使传统的纸质媒介与新的网络传播手段相结合，拥抱新技术，努力向在线报纸转型，以开拓新的生存空间。

表3.1　七天内不同信息源的用户比例表　　　　　　（%）

	2019年	2021年	变化率
电视新闻	59.1	60.1	1.0
Facebook	31.4	30.1	-1.3
网络搜索引擎	20.7	22.9	2.2
电视新闻频道	19.6	22.5	2.9
信息网页	14.5	17.1	2.6
广播新闻	16.7	16.2	-0.5
YouTube	11.9	12.6	0.7
在线报纸	11.4	12.5	1.1
付费纸质报纸	17.5	11.7	-5.8
图文电视	9.4	8.7	-0.7
智能手机App	8.9	6.8	-2.1
纸质周刊或月刊	8.0	6.7	-1.3

续表

	2019年	2021年	变化率
在线论坛、博客	4.3	4.3	0.0
手机短信	3.6	3.4	-0.2
Twitter	2.8	3.3	0.5
Free press	3.7	3.1	-0.6

资源来源：CENSIS调查报告

电视新闻在65—80岁的老年人中一直是最重要的信息来源，有73.2%的老年人依赖电视新闻获取信息，但这个比例是随着年龄层的下降而降低的，从表3.2中可以看出，越年轻的人，对电视的依赖程度越低。而对网络的依赖度总体上是中间两个年龄段最高，两端的两个年龄段相对较低，最年轻的人群（14—29岁）使用网络搜索引擎、YouTube、智能手机App、Twitter作为信息源的比例是最高的，足以反映出生长于网络时代的年轻人更依赖、更适应网络等新兴媒介，这些媒介已成为年轻人生活的重要部分。而纸质媒介和传统媒体则是老年人获取信息的主要方式。

表3.2　不同年龄层的人群在最近7天使用的信息源　　　　（%）

	占全部人口的比例	年龄			
		14—29岁	30—44岁	45—64岁	65—80岁
电视新闻	60.1	42.3	50.8	67.7	73.2
Facebook	30.1	28.2	39.5	32.2	18.2
网络搜索引擎	22.9	30.5	27.8	22.0	12.0
电视新闻频道	22.5	16.8	20.0	28.4	20.0
信息网页	17.1	19.5	22.0	18.4	7.3
广播新闻	16.2	7.4	12.6	19.3	22.9
YouTube	12.6	18.0	13.0	12.7	7.0
在线报纸	12.5	9.0	12.6	15.7	10.0
付费纸质报纸	11.7	5.9	5.3	14.7	18.8
图文电视	8.7	3.0	6.2	9.6	15.0

续表

	占全部人口的比例	年龄			
		14—29岁	30—44岁	45—64岁	65—80岁
智能手机App	6.8	11.0	7.4	5.6	4.3
纸质周刊或月刊	6.7	4.3	2.7	7.6	11.7
在线论坛、博客	4.3	3.9	5.3	5.4	1.5
手机短信	3.4	2.5	2.5	3.9	4.1
Twitter	3.3	5.0	4.4	2.4	1.9
Free press	3.1	1.7	3.9	2.2	4.8

资料来源：CENSIS调查报告

虽然人们使用着各种不同的信息源，但对信息源的信任度却并不完全与信息源的用户比例数相吻合。按照2018年CENSIS的统计数据，广播成为最可信的媒介，69.7%的意大利人认为它非常可靠或相当可靠，当然，这其中主要是老年人（72.5%）和受教育程度较高的人（71.2%）给予广播这一赞誉。电视受信任度仅次于广播，位列第二，有69.1%的意大利人认为电视的信息可靠，让人有些意外的是，除了78.5%的65岁以上老人外，68.8%的30岁以下年轻人也这样认为。并且约64.3%的意大利人认为包括在线报纸在内的新闻都是非常可信的。然而，信息网站在可信度方面却排名靠后，仅有42.8%的意大利人认为这些网站可靠，而57.2%的人持负面评价，认为它们不怎么可信或毫不可信。

在对信息网站的信任度方面，代际差异体现得非常明显，年轻人和老年人之间存在着两极分化：对于前者来说，这种不信任度相对较低，达到45.8%；而对后者来说，不信任度非常高，达到了79.1%。排名最后的是社交媒体，几乎66.4%的意大利人认为不完全可信，老年人是最不相信社交媒体的，不信任的比例达到78.2%，而54.2%的年轻人认为它们不可信。

可见，在信任度的降序排名中，新兴的数字媒体可信度低的问题是最为突出的。近年来，一些用户开始将这些媒体平台看作是受操纵的新闻工具，

27.2%的意大利人越来越不信任社交媒体，20.7%的意大利人对信息网站的信任度在降低①。

第三节　网络和新兴媒体带来的影响和变化

如今，拥有跨媒介性已成为多媒体的一个关键性的进步，在多媒体时代，不同的传播媒介或多或少地彼此融合着，每一种媒介都在与其他媒介对话，每一种媒介都在保持着各自的特点，媒介甚至超越了其传递的信息占据了中心的位置。而如今的跨媒介时代，各种媒介的自身特点在消失，一切以内容为出发点，通过各种不同媒介的平台传递信息。

大规模的数字化并不单纯地意味着线下进行的活动全部向线上转移，数字化的传播对每个人的生活乃至社会都产生了很大的影响，它改变了人的习惯、行为、思维方式、生活方式，也影响了人与人之间的关系网，甚至重新定义了每个人的日常生活。这种改变不仅仅影响千禧一代年轻人的生活和思维方式，而是一种结构性现象，它涉及所有的意大利人，旨在保持并提高所有人的生活质量和幸福指数。网络和新兴媒体对社会和大众文化带来的影响是全方位的，本节将主要从其对个人生活、政治、文化几个方面进行阐述。

一、个人生活

意大利人非常重视生活品质，人们普遍倾向于将房屋布置得非常舒适，房间里摆满有助于提升日常生活质量的物品。随着技术的进步，网络和数字化设备成为意大利人生活中不可缺少的一部分。

网络和新兴媒体对公共领域和个人生活无处不在的渗透使人们从工作

---

① Centro Studi Investimenti Sociali. I media digitali e la fine dello star system [R]. Roma: CENSIS 2018.

到学习、从社会关系到个人娱乐都发生了根本性的变化。从2017年至2018年，数字视频服务迅速发展，包括Netflix, Infinity, Now TV, Tim Vision在内的依托网络的数字视频电视用户占比从11.1%上升到17.9%。自新冠疫情发生以来，人们的生活范围突然缩小到一个有限的空间内，导致了人们对电子设备和网络连接产生更加强烈的需求，也更加凸显了网络在生活中的优势和便利。这场突如其来的疫情，成为强大的网络普及助推器，将一直处于观望状态的人们带进网络之中，推动着人类社会全方位的数字化转型。

智能手机的普及改变了人们的行为和态度，一些行为成为新的仪式行为、小恶习和不易察觉的或伪装的强迫症行为，这其中蕴含着一种全新的行为方式。从工作、学习到休闲，使用电子设备为日常的小问题寻找答案，已经成为许多意大利人的一种习惯性操作模式，所有用户的上网记录都体现为为满足需求形成的各种个性化的清单目录。

2018年，据CENSIS的调查，超过95%的意大利家庭使用智能手机，在拥有智能手机的群体中，有59.4%的人表示更喜欢通过发信息而不是打电话的方式来交流，50.9%的人将查看手机的提醒和信息作为醒来的第一件事或睡前的最后一件事；几乎每两个用户中就有一个用户在一天中查看天气预报，每三个用户中有一个用户习惯发送语音消息而不是文字信息；另一个日常的强迫症行为与人们的记忆有关，即手机成为人们搜寻记忆和知识的工具，37.9%的用户承认，在不记得姓名、日期或事件时，他们都会立刻用智能手机求助于网络。此外，25.8%的人在出门时一定会带着手机充电器。

无论在家里还是在外面，人们再也无法离开电子屏幕了，智能电视、智能手机正在推动着意大利的数字化进程，改变了意大利人享受音频、视频的方式，智能电视在家里使用，智能手机随身携带。人们享受音频和视频内容的方式变得越来越个性化，家庭中每个成员都在不同的地方、不同的屏幕前构建着由不同内容组成的专属观看列表。

人们以网络为媒介的活动变得更加常态化。2021年的一组数据显示，

64.9%的意大利人利用网络查询机构、产品和服务的信息，54.3%的意大利人在网上查询街道或地点，51.6%的人网上购物，48.1%的人在线听音乐，46.6%的人在线办理银行业务。具体可见表3.3。

表3.3　20天内使用网络进行下列活动的用户比例表（2019年、2021年）　（%）

	2019年	2021年	变化率
寻找企业、产品和服务类信息	61.5	64.9	3.1
寻找街道、地点	69.5	54.3	-15.2
购物	48.1	51.6	3.5
听音乐	46.2	48.1	1.9
办理银行业务	48.5	46.6	-1.9
打电话	40.6	42.4	1.8
看电影	38.6	41.4	2.8
预约医生	19.3	24.1	4.8
公共服务	23.1	23.7	0.6
上课（包括中小学、大学和培训课程）	10.4	19.2	8.9
预定旅行	24.0	10.8	-13.2
找工作	13.9	9.8	-4.1
使用共享交通工具	5.9	5.1	-0.8

资料来源：CENSIS调查报告

从表3.3中，我们可以看到分别位列第2位和第11位的通过网络寻找街道、地点以及预定旅行的用户比例有大幅下降，这主要是因为新冠疫情期间出行的人大幅减少。相反，上课、预约医生、购物的人数实现大幅增长。疫情期间，居家学习成为常态，人们去看医生时也尽量避免聚集，通过网上预约使医疗服务更便捷、优化、高效。此外，由于购物场所人流密集，网购成为满足人们日常生活所需的重要途径，在2021年，意大利有超过一半的人进行网购，占比达到51.6%。

可见，人们日常生活中各种活动都与网络息息相关，而随着网络愈加深入人们的生活，意大利人对网络的依赖也越来越多，对于20.2%的意大利人来说，网络时代中新型的智能工作模式是不可或缺的，尤其对于30—44岁这一年龄层的人，这一比例上升到28.6%。

意大利人对于网络数字技术普遍持积极的态度，他们在评价网络给人们的生活带来的利与弊时，认为网络在购物、信息、服务方面最让人受益，而在情感关系、公共生活的参与度方面网络的作用是消极的。58.6%的意大利人认为网络技术的发展有利于他们满足个人的需求，55.3%的人认为网络技术有助于维持社会关系，55.2%的人认为依赖于网络技术可以继续工作或学习，而52.9%的人承认他们通过网络发现了新鲜的事物，有31.5%的人表示需要一直保持网络连接，22.8%的人声称他们从不断网。

数字化生活对人与人之间的关系也产生了深刻的影响。有55%的意大利人相信数字生活促进了夫妻和情侣之间的和谐关系。有42.7%的人（年轻人中为47.7%，男性用户中有48.2%）与他们的伴侣共享手机、电子邮件和社交网络的密码，这说明人们的内心世界有了一个新的网络空间，而与伴侣共享这个非常私密的个人网络空间也成为亲密关系的一部分。

然而另一方面，有超过一半（52.8%）的意大利人表示他们对持续使用数字设备的方式感到厌倦，甚至想要立刻"拔下插头"，对于网络，负面的意见也非常突出。有32.2%的意大利人认为网络和数字设备占据了他们太多的时间。

意大利家庭中每个成员都可以完全自主地使用智能手机，并根据他们的兴趣定制内容。智能手机相比其他数字设备有其独有的特点。手机是私人物品，不会被拿来共用，它能在技术上和生理上让人们在独处时享受舒适的个人空间成为可能。正由于这个原因，智能手机在某种程度上体现了个人主义至上对家庭关系的破坏，它将个人主义根植于最亲密的日常生活中。2018年，CENSIS的一项调查指出：约2800万习惯晚睡的人将手机选为躺在床上必不可少的"伴侣"；约1180万人明确表示随时随地使用智能手机联网是家庭关系出现问题的原因之一；340万人指出智能手机是家庭破裂的元凶之一。如果说电视作为大众媒介将家庭成员聚集在一起，一家人在共同欣赏电视节目的时候产生了一种刻在集体记忆中的仪式感，并通过这种方式推动家庭关系的融洽，那么智能手机则把人变成独自观看内容的孤立者，从而破坏了家庭关系的基础。

在两人的亲密关系中，由于数字化生活带来的敏感的变化，新的微观平衡应该被重新定义，40.5%的人发现伴侣会因为智能手机上的短信、照片、视频而分心，全国大约1900万人曾因为伴侣忙于一些与网络相关的事情而产生不愉快，约有1400万人因伴侣花在智能手机上的时间过长而感到困扰，约有700万人因在社交网络上分享信息、照片、帖子而与伴侣意见不合，有大约720万人因为伴侣与其他人在社交网络上互动而心生嫉妒。此外，全国约600万人偷偷地监视他们伴侣的社交网络记录，约1200万人会去看他们前任的社交网络资料。总之，网络以其不可抵挡的势头渗透进了人们生活的每一个角落，对于伴侣之间的关系也产生了复杂的影响，使伴侣关系从现实世界延伸到网络虚拟空间，从而产生了微妙的变化。

不可否认的是，新事物的出现总要伴随着争论。在这个信息化的时代，使用网络、社交媒体的人数众多，人们对网络的看法和观点也是不同的。虽然支持和反对的声音都很强烈，但总体上，意大利人对网络还是持肯定的态度。

二、政治用途

对于网络和社交媒体在政治传播中所扮演角色的态度，意大利人分别持支持和批评两种，双方平分秋色。16.8%的意大利人认为，在今天的政治宣传中，社交网络的作用十分宝贵，因为政治人物可以直接地、毫无过滤地与选民对话。30.3%的人认为网络和社交媒体在政治传播中的作用是有效的，因为通过这种方式，公民可以直接向政治人物表达自己的意见。然而有23.7%的人认为这种方式是无效的，因为重要的信息在电视和报纸上，其余的信息都是不可信的传言。29.2%的人认为这种方式是有害的，因为它们通过简化的形式、各种网络口号和侮辱对手来鼓励民粹主义。简言之，网络使政治宣传变得扁平化、直接化，消除了公众和政治人物之间沟通的中介。因此，对此持积极态度的人接近半数，达到47.1%。

意大利人对政治新闻一直保持着较高的关注度，政府和政党新闻的关注度为42.2%，甚至在新闻排行榜上超过排名第二的体育新闻（关注度为29.4%）十多个百分点，但人们对外交政策的关注度排名最低，占比仅为10.5%[①]。

自20世纪末起，贝卢斯科尼就曾依靠其私人广播电视集团，凭借其强大的宣传攻势，为自己赢得了四次大选，成为意大利的总理，传统的广播电视媒体在意大利国内政治中的影响力可见一斑。在最近的2022年9月，意大利提前举行议会选举，由意大利兄弟党[②]、意大利联盟党[③]和意大利力量党[④]三大主要政党组成的中右翼政党联盟非常重视网络和社交媒体平台在选民中的影响力。贝卢斯科尼、伦齐（Renzi）[⑤]、孔特（Conte）[⑥]等前总理纷纷入驻TikTok，在镜头前展现自己，宣传自己的政治理念，拉近与年轻人的距离，以

---

① Centro Studi Investimenti Sociali. I media e la costruzione dell'identità [R]. Roma: CENSIS, 2020.
② 意大利兄弟党（Fratelli d'Italia），奉行右翼保守和民族主义理念，2013年成立，乔治娅·梅洛尼（Giorgia Meloni）任党主席，她后来成为二战后意大利第一位女总理。
③ 意大利联盟党（Lega），中右翼政党，其前身是北方联盟党（Lega Nord），1989年12月成立，其创始人和首任书记为翁贝托·博西（Umberto Bossi），自2017年5月起马泰奥·萨尔维尼（Matteo Salvini）任意大利联盟党书记。
④ 意大利力量党（Forza Italia），1993年12月成立，意大利的主要政党之一，2013年重组，党首为西尔维奥·贝卢斯科尼（Silvio Berlusconi）。该党联合其他中右翼政党组成中右翼政党联盟，曾在1994年、2001年、2008年赢得全国大选的胜利，其党首贝卢斯科尼曾四度出任意大利共和国总理。该政党是意大利政坛中举足轻重的中右翼政治力量。
⑤ 马泰奥·伦齐（Matteo Renzi），1975年1月11日出生于佛罗伦萨，意大利政治家，1996年加入意大利人民党，历任佛罗伦萨市市长、意大利人民党总书记，2014年2月成为意大利总理，2016年12月，因修改宪法公投失败而宣布辞去总理职务。2017年4月，伦齐再次当选意大利民主党（由人民党和其他中左派政党联合改组而成）党首，2019年9月宣布脱离中左翼的民主党，建立意大利活力党，走中间路线。
⑥ 朱赛佩·孔特（Giuseppe Conte），1964年生于意大利普利亚大区福贾省，法学教授。与中右翼政党联盟党和民粹主义政党五星运动关系密切，并获得该两党的支持，被提名为总理候选人。于2018年5月、2019年8月两次出任意大利总理并组阁，2021年1月正式辞职。

换取选票。

梅洛尼(Meloni)[①]和联盟党党首萨尔维尼(Salvini)[②]更是社交媒体达人，十分擅长通过社交媒体平台提高人气。梅洛尼的个人词条浏览量累计近4000万，甚至被称为"流量明星"，她在多种场合的演讲视频被剪辑制作成各种短视频，在各主要媒体网站上流传，风靡一时，以此增加其曝光度，影响公众手中的选票。萨尔维尼被意大利媒体戏称为"网络社交机器"，他每天都在个人社交平台发布多个视频，浏览量动辄超过100万[③]。

综上可见，在当代社会，网络和社交媒体已与政治宣传紧密结合在一起，政治宣传借由网络和社交媒体平台深入人们生活的每个角落，影响着人们的想法和国家的政治走向。

三、个性化传播的时代出现

互联网使人与人之间的联系更加便捷与高效。任何人只要有网络就可以了解千里之外的各种信息，就可以与同样在线的人联系互动。因此，人们在网络上基于某个共同的话题或兴趣爱好形成了众多的社交团体，一些自媒体和"网红"也因此应运而生，由此带来网络时代的一个新的社会变化：个性化传播。

人们希望借助网络来吸引他人的关注，用流量和粉丝提高个人的知名

[①] 乔治娅·梅洛尼(Giorgia Meloni)，1977年出生于罗马，极右翼活动家，2008—2011年任贝卢斯科尼政府中的青年与体育部部长，曾是新法西斯主义意大利社会运动(MSI)的一名激进分子，致力于将其领导的意大利兄弟党打造为爱国主义的保守派拥护者。2022年9月的意大利全国大选中，中右翼政党联盟获胜，兄弟党得票率最高，获得26%的选票，后梅洛尼成为意大利首位女总理。

[②] 马泰奥·萨尔维尼(Matteo Salvini)，1973年出生，意大利联盟党总书记，2004年至2017年担任欧洲议会议员。2018年其领导的中右翼政党联盟党与五星运动在大选中胜出，组成联合政府，萨尔维尼出任意大利副总理兼内政部长。他对移民问题态度强硬，特别擅长利用社交媒体与公众互动，他在Facebook上拥有300万左右的粉丝，在Tiktok上直播，言论非常大胆。

[③] 参考自2022年9月26日发表于公众号"破圈了"的文章《让欧美不安的意大利第一位女总理要来了？》。

度。在意大利,有接近一半的人(49.5%)确信在这样一个时代,任何人都可以成名,30岁以下的年轻人中有56.1%的人持这种观点;有大约三分之一(30.2%)的人认为,在社交网络上的人气是成为名人的必要条件,并且年轻人中有这种想法的人更达到42.4%的占比;有24.6%的意大利人坚持认为单纯的明星效应已经不存在了,然而仍然有大约十分之一(9.9%)的人将明星作为榜样来激励自己。

在20世纪,当电影和电视进入人们的生活,电影、电视明星带来了广泛的社会影响力,引领了社会潮流,大众文化也受到影响。好莱坞的电影横扫世界,好莱坞明星们在实力雄厚的电影公司和专业人士的打造下,在大众文化中形成一股强有力的文化潮流,明星们和知名的公众人物光鲜亮丽的生活永远是镜头的焦点,是人们茶余饭后的谈资。但在网络时代,每个人都可以在互联网中呈现自己的生活,新晋网红、流量明星在网络中大量涌现,又迅速淹没在茫茫的网络海洋中。曾经的明星渐渐褪去了光环,在大众文化中的影响力也在慢慢减弱,这是投射型、渴望型和模仿型社会机制的终结,这是从电影电视的大众文化时代到数字去媒介时代的根本转变。不是那些明星们向普通人指明了生活的方向,现实似乎变成了普通人模仿明星就可以提升自己的社会地位和经济水平。正是明星们把公众所看到的世界变成了一场表演,而在诱惑与背叛的辩证关系中,明星最终将湮没于众人之中。

尤其在社交媒体异军突起、迅速席卷世界以来,传媒领域发生了一场彻底的革命,它造就了以"用户—自我"为中心的传媒体系,这个体系有以下几个特点:

第一,媒体使用的个性化。传统媒体将专业和权威的主流信息作为独家专属,然而媒体的个性化使用有助于实现集体情感的非同步化,实现获取娱乐信息内容和路径的个性化,打破传统媒体的独家垄断制度。

第二,进入"自传式"媒体时代(era biomediatica)。其主要特征是通过社交网络进行虚拟记录和远程共享个人生活的轨迹,确立了"我—用户"的首要地位，使得社交媒体用户不仅是一个使用者，更是传播内容的生产者。

第三，分享权优先于隐私权。在这个新理念的指引下，每一个个体都成为传播的主体和传播的内容，而在数字时代展示自我成了公众的一种普遍的习惯，每个人都在自己创建的网络虚拟空间中打造个人的形象，因此"媒体就是我自己"。

第四，开启去中介化数字经济新周期。互联网早已从最初专门用于国家机构、科研和高等教学机构的工具变成"飞入寻常百姓家"的生活必需，它不仅限于满足生活中的沟通、信息查询、娱乐休闲的需求，而且可以满足人们更加多元化的需要，对公民和消费者来说，互联网的使用范围在迅速扩大，经济增长和价值创造正在从传统的生产就业链转移到新兴的互联网领域。

第五，促成社会精英和普通民众的阶层分化。网络通过记录生活、行程追踪定位、大数据等技术手段使得去中介化成为可能，从而释放了网络用户群体的潜力，这一进程都是基于用户自主而决定的，并在其个人技术设备上提供持续的反馈。

第六，集体梦想力的碎片化。集体梦想是指人们共同的价值观和符号系统，它不仅可以引导和塑造个人的向往目标和将要选择的人生道路，而且可以影响社会集体的进程，因为这种集体的梦想力依靠的是个人调动日常生活中一切可能的条件去实现的。在人类社会的历史长河中，人们曾经有共同的梦想，由于大众媒体曾是同质化的、结构紧密的统一机构，因此有着强大的宣传力量，人们的目标可以通过大众媒体的传播相对容易地得到统一，而这为经济的发展、社会的进步提供了动力。然而现在，随着个人数字设备、互联网、社交媒体的发展和普及，新兴媒体已经逐渐与传统大众媒体并存或将其取代，新兴媒体个性化的特征使集体梦想力渐趋碎片化，使大众文化缺乏统一的价值体系，进而难以形成一致的发展动力。

网络化的数字设备将用户主体置于整个社会传媒系统的中心，使个人的主观判断能力显著增强，因此，互联网已成为当代主观主义者获取信息的首选路径。如今我们正在见证新兴媒体对传统媒体的超越,明星们的遥不可及也逐渐被社交媒体上直接的点赞取代,社交媒体成为新的成功工作室。很明显,传媒体系的变革带来了这一切的变化,由于大众媒体的影响,人们一度模仿和认同名人的生活,但现在传统名人的吸引力渐渐减退,这种变革的时间轴贯穿着媒体的个性化、去中介化和反精英、反建制的思潮,最终导向以用户本人为中心的传媒体系的形成。

如果说数字时代的个人媒体、去中介化和自传媒体的普及改变着个人与周围现实世界联系的方式,这就意味着它们影响了个人和集体的身份构建过程。也就是说,由于个人媒体和社交网络能够创造出一个在现实世界中具体运作的虚拟世界,混淆了将两者清晰地区分开的能力,因此它们影响了个人对所在群体的归属感、个人政治信念的形成及个人对未来的期待。

2019—2022年的新冠疫情更是成了自传式媒体发展中一个非凡的、不可预见的、极其强大的加速器,带来了一个新的数字转型的曙光,它甚至将迄今为止处于边缘的人们都囊括进来。除信息和娱乐功能外,数字设备还保证了许多公共和私人活动的连续性,从情感关系到社会关系,从智能工作、电子商务到远程学习等,均有涵盖。

四、数字化时代的个体身份构建

在越来越趋于个性化的自传式媒体时代,传媒改变着个人与周围环境的关系,个人的身份构建也在悄然发生着变化。

迄今为止,家庭依然是构建身份认知的第一因素,76.3%的意大利人,特别是老年人(占比达到83.5%)这样认为;其次是作为意大利人的民族身份认同,39.9%的意大利人认为这是构建身份的一大因素,对出生地的身份认同比例达到37.3%,两者较为接近;29.2%的意大利人认为职业决定了他们在当地社会群体和在国家中的身份,这一因素对于30—44岁的群体来说,比例上升至39.1%；排在其后的是宗教信仰（占比为17.2%）和政治观点（占比为11.8%），对欧洲人这一身份的认同占意大利人口的10.9%，这三项因素与前面几项差距较大。最后，有3.5%的人认为他们在社交网络上的资料决定了他们的身份，这一比例在30岁以下的年轻人中上升到9.1%，约占年轻人总数的十分之一。

为了验证个人媒体的使用对身份认同因素和归属感的影响，即数字媒体与个人身份形成之间的关系，CENSIS设计了一个测定媒体渗透率的代表性指数。该指数显示，在30至44岁年龄段的人群中，该指数为56.9，表示媒体的使用对此年龄段人群的身份认同影响最强，其次是最年轻的群体，指数为53.9，但在年龄最大的人群中指数非常低，仅为15.4。媒体对受教育程度高的人群的影响力也非常高，指数达到51.7。 值得注意的一点是，受媒体影响指数更高的人，如受教育程度较高的人群（占比为13.1%）和最年轻的人（占比为12.1%），认为政治观点在身份构建的各项因素中更为重要。此外，与社交网络接触得越多，似乎越推动着人们去肯定他们已持有的观点，而不是去改变固有的观念。这其中，社交网络似乎在更大程度上扮演着舆论制造者的角色，去强化人们头脑中业已形成的想法。

如果考虑到人们自认为归属的群体，那么媒体的使用对身份认同产生的差别就显得模糊了。对于69%的意大利人来说，这个群体就是由他们惯常交往的人组成的，这个群体的变动与个人的媒体使用指数无关联。然而在14—44岁的人群中也有约15%的人认为他们通过社交网络互动的人就是组成他们所归属的群体的人。

更有趣的一组数据是，关于对欧盟的归属感的身份认同，数据结果很不理想，其中最年轻的人、受教育程度最高的人有此认同感的人数比例很低，分别为34.9%和35.3%；相比而言，老年人和受教育程度较低的人群中有此认同感的人数比例较高，分别为41.0%和47.3%。大城市居民有此认同感的人数比例更低，约为30.4%，而他们的个人媒体使用指数却高于其他人群。

表3.4 影响身份认同的因素在不同年龄段人群中的调查比例表

	全体人口	14—29岁	30—44岁	45—64岁	65—80岁
个人媒体融合指数	42.5	53.9	56.9	42.0	15.4
家庭	76.3%	74.1%	70.4%	77.3%	83.5%
身为意大利人	39.9%	35.3%	34.3%	42.1%	46.7%
出生地	37.3%	37.5%	36.2%	36.0%	41.0%
工作	29.2%	22.7%	39.1%	33.6%	16.4%
宗教信仰	17.2%	11.8%	13.1%	17.6%	26.3%
政治观点	11.8%	12.1%	11.9%	13.0%	9.1%
身为欧洲人	10.9%	14.4%	9.2%	8.8%	13.3%
社交网络上的个人资料	3.5%	9.1%	4.9%	0.7%	1.8%

资料来源：CENSIS调查报告

与新兴的数字媒体相比，传统媒体在塑造公众舆论和构建身份方面的影响力更大，这一点从决定个人的政治选择的因素方面得到了证实。受教育程度低的人（占比为7.6%）和老年人（占比为7.3%）表示，他们会受到电视上的谈话节目和报纸文章的影响；然而大城市的居民（占比为5.5%）则更关注政治人物的社会形象。

表3.5 按照年龄划分的政治选举中的决定因素

	全体人口	14—29岁	30—44岁	45—64岁
个人媒体融合指数	42.5	53.9	56.9	42.0
政治倾向	30.6%	22.5%	32.0%	31.5%
家人和朋友的影响	18.3%	24.4%	16.6%	16.8%
政党的计划	15.3%	17.7%	12.9%	18.1%
与候选人直接认识	6.5%	5.7%	7.7%	7.1%
电视谈话节目	3.5%	1.5%	3.3%	3.6%
报纸文章	3.0%	4.2%	3.0%	3.0%
政治领导人的社交媒体资料	2.4%	4.9%	2.8%	1.8%
没有投过票	20.4%	19.0%	21.8%	18.2%

资料来源：CENSIS调查报告

对于个人身份的构建、所在群体归属感的获得、政治理念的形成以及未来的设想等方面的决定因素是极其复杂的。在这些过程中，媒体与许多其他变量一起发挥着作用，而数字媒体的作用还是相对有限的。个人媒体和社交网络具有创造一个在现实世界中运作的虚拟世界的超能力，使现实与虚拟的边界日渐模糊。

传媒业在逐渐走向跨媒介发展的阶段，传媒系统已经从以本质上互不相同的媒体为基础的结构状态变为通过不同平台提供内容、多种不同的内容在多种媒介上互不干扰地传播的体系。同样，用户也更倾向于通过他们认为最能够满足其需求的媒介来获取信息。

按照年龄划分的媒介消费变化情况呈现出一种新的发展趋势，一直以来，新兴媒介的主要使用者都是低于29岁的年轻人。然而，2019年，在使用新兴媒介的统计中，低于29岁这一年龄段的人数被30—44岁年龄段的人数超过。在各类大众媒介中，最年轻的用户群体除了在书籍阅读方面仍然处于领先地位之外，在其他媒介的使用上都已被"年轻的成年人"超越了。比如对电视的消费，最年轻群体所占的比例为89.9%，30—44岁的群体所占的比例为94.6%。互联网的使用上，两者的比例分别为90.3%和93.9%，社交网络用户方面，两者的比例分别为86.9%和91.6%。由于意大利人口老龄化、少子化现象严重，最年轻群体的人口数已经低于全国人口总数的一半，从50.1%下降到49.8%，这是意大利整个社会缺乏活力的原因之一。

新千年出生的人常被称为网络时代的原住民。如今，他们已成年，使用社交媒体是他们有别于前人的一个重要标志。从网络社交平台用户的数据分析可以看出，14—29岁的人群更喜欢在以图像为主体的平台上进行社交活动，比如使用Facebook的14—29岁和30—44岁人群的用户比例分别为60.3%和75.8%，使用Instagram的用户比例分别为65.6%和46.4%。对于最年轻的网络原住民，上网是社交和塑造自己身份的重要工具。

表3.6 社交媒体网络用户比例 (%)

	总人口	14—29岁群体	30—44岁群体
YouTube	56.7	76.1	73.1
Facebook	55.2	60.3	75.8
Instagram	35.9	65.6	46.4
Snapchat	5.0	11.5	6.7

资料来源：CENSIS调查报告

第四节 数字时代的主要问题

数字化带来了生活的便利和社会的进步，但同样不可避免地带来了差距和问题。最大化地利用数字化工具目的是干预差距，使数字化成为在现代社会中确保实现公平的工具。

在意大利，大多数人都在顺应数字化、信息化潮流的道路上。从科技发展和社会发展的角度来看，这是条积极的、进步的道路，但仍有数百万家庭被排除在数字化生活之外。2021年，据CENSIS的调查报告显示，意大利仍有230多万户家庭没有网络连接，占全国家庭总数的9.8%；有700多万户家庭只有移动网络连接，占总数的29.9%；有500万户家庭只能通过智能手机连接网络，占总数的15.6%，而这种设备显然无法充分地支持当前的学习、工作、生活[1]。此外，有840万个意大利家庭里既没有台式电脑也没有平板电脑，占全国家庭总数的35.1%，这一比例在社会经济水平低的家庭中上升至72.8%。意大利最极端的差距就是还有430万数字化设备用户没有网络连接，其中低学历者占比最高，达到31.7%，其次为老年人，占比达到28.7%。排除在数字化生活之外的主要是独居老人和经济状况极不稳定的家庭，他们的物质资源的

---

[1] Centro Studi Investimenti Sociali. L'Italia multiscreen: dalla smart-tv allo schermo in tasca, così il paese corre verso il digitale [R]. Roma: CENSIS, 2021.

匮乏往往与文化水平低和数字化技能缺乏相关联。人们的社会地位和经济水平是标志着意大利家庭数字化差别程度的关键因素之一，社会地位、经济水平低的家庭在数字化生活中的参与度肯定比其他家庭低，这种情况会非常直接地影响到个体的人际关系和家庭关系，以及与健康和公共管理服务相关的领域，比如网上预约问诊、通过电子邮件查收检验报告和处方、远程银行交易等。

有大约2270万意大利人的居住条件低于平均值，他们的家庭网络连接不稳定，或者他们必须与其他家庭成员共用一个房间。特别是约1470万人的家庭中没有一个安静的可供上网的空间，约1320万人的网络连接信号不好，而440万人表示他们的设备无法满足需求，约1240万人必须要同家人共用设备。

在对技能提出更高要求的数字化活动中，遇到困难的用户比例显著增加。有多达2400万人经常发现自己会遇到有关设备、软件、程序等方面的各种各样的问题，尤其是约900万人在使用WhatsApp、Telegram时收发信息不畅，约800万人在收发电子邮件时遇到困难，约700万人在上网时遇到网络问题，还有约500万人在使用电脑文字处理软件时遇到了困难。2021年，根据CENSIS的统计数据，约800万人在使用诸如Facebook、Instagram的社交平台时遇到过困难，约700万人在观看电影、电视剧、体育赛事的网络平台上遇到过困难，约600万人在网络购物、500万人在数字支付、400万人在使用视频会议平台的活动中遇到了不同程度的技术或网络问题。

在意大利，有大约三分之二的人使用个人电子设备进行工作，其中，有85%的自由职业者和72.2%的拥有本科毕业文凭的雇员。反过来，有大约26.9%的员工（在公司高管中比例达到39.8%）使用办公电脑处理个人事务。事实上，这种公私不分的情况无论对公司还是对个人都有很高的信息泄露的潜在风险。

意大利人对数字时代带来的主要问题的看法反映了一种非常个人主义的观点，主要集中在数字技术本身及其可能对日常生活带来的负面影响。大约42.5%的意大利人认为互联网最首要的问题是网络暴力行为的蔓延，比如网络欺凌、网络诽谤和恐吓。排在第二位的是个人隐私的保护问题，约有41.5%的意大利人认为需重视加强网络的个人隐私保护。在使用社交网络的用户中，有59.3%的人表示他们"非常"或"相当程度上"担心其个人信息可能被滥用，而其余40.7%的人表示他们"并没有"或"仅有一点"担心其个人信息被滥用，在30岁以下的年轻人中，不担心这个问题的达到48.6%。在可能的解决方案中，61.1%的人认为，社交网络运营商已经在应用必要的安全程序，83.6%的人相信，个人有必要加强防范意识，学会更加仔细和谨慎地使用社交网络。与此同时，为了加强自我保护，人们同样热切地要求政府采取更有力的立法措施，有80.3%的意大利人认为政府要采取更有效的监管规定来保护用户的个人权益。第三个问题是有人利用假新闻进行信息操纵，引导舆论，40.4%的人认为网络上充斥着各种信息，鱼龙混杂、真伪难辨。第四个问题是电信诈骗等网络犯罪问题，35.5%的意大利人关注此问题。至于网络系统本身的问题，主要有14.9%的人认为数字基础设施的落后和公共管理的在线服务不完善，10.5%的人认为数字技术，如人工智能和机器人技术会带来失业的风险。

数字化的生活让人不仅在个人生活的层面上对未来产生了期望，而且对社会的主要机构也同样有期待，首当其冲的就是政府行政机构。得益于数字技术的发展，有85.3%的公民希望能够快速便捷地与公共行政机构进行对话，在办理身份证件、公证文书、支付账单、税款和罚款时更加简便容易，希望通过数字技术简化一些烦琐的程序，使公民与行政机构的关系更加直接、简单。

然而事实却不容乐观，根据AGCOM的最新数据，在全国普及宽带这个目标的完成仍然遥遥无期。2020年，全国仅有69.7%的家庭生活在可以使用宽带的地区，而Auditel的调查数据显示，实际上只有59.8%的意大利家庭真正拥有固定网络宽带。大规模地使用互联网宽带连接是确保数字化生活的质量的必由之路，而意大利显然还有很长的路要走。同时，数字化生活正在迅速成为日常生活，这要求意大利政府要尽力弥补社会中走进数字化生活和未走进数字化生活的人之间的差距,使人们都能够享有同样的教育、就业、社交机会,防止一些人落后于时代,被排除在数字化的日常生活之外,避免因技术层面的发展而带来的社会阶层的割裂、分化和孤立。

面对未来,大多数意大利人认为意大利将在国际舞台上失去经济和政治的分量(57.5%),欧盟也不会变得更强大(55.3%),但他们认为自由民主不会陷入危机(14.8%)。对很多人(67.4%)来说,未来日常生活的大部分活动都将是通过网络进行的,报纸、杂志、书籍等印刷媒体注定要消亡(49.6%),虽然信息的获取变得更容易,但信息的自由度将会下降(42.2%)。[①]总的来说,大部分更熟悉个人媒体的人对未来表现出一种更加积极的态度,包括年轻人、受教育程度更高的人和生活在大城市中心的居民都是如此。

思考题

1. 利用思维导图概述意大利互联网的发展历程。
2. 利用思维导图概述意大利社交媒体的发展历程。
3. 意大利的传统媒体在面临新兴媒体的发展冲击时,采取了怎样的应对策略,效果如何?
4. 新兴媒体给个人生活和社会生活带来了怎样的影响和变化?
5. 网络的普及、新兴媒体的发展会带来哪些新的社会问题?对大众文化产生怎样的影响?
6. 意大利的传统媒体和新兴媒体各自有怎样的优势和劣势?它们在意大利社会中的地位和影响力如何?

---

① Centro Studi Investimenti Sociali. I media e la costruzione dell'identità [R]. Roma: CENSIS, 2020.

第四章 意大利传媒业相关法制建设、监管机构及行业协会组织

● 导 语 ●

　　任何一个行业的诞生、自然发展的初期都可能面临着无序与混乱,然而随着行业的发展,各种制度、法规、机构组织将会日趋完善,意大利的大众传媒业亦是经历了这样的过程。从手抄新闻的繁荣、记者行业的诞生,到网络的普及、融媒体的迅速发展,无论是对传媒行业自身的规范还是对从业人员的保护和约束,都在各种力量的博弈中慢慢建立起来。制度指引着行业的发展,同时随着时代的变迁和技术的进步,行业发展也在推动着制度的变革。二者相辅相成,共同打造出一个国家独有的大众传媒体制和文化。

第一节　意大利传媒业法律和制度发展史

意大利是西方新闻业的摇篮，随着文艺复兴时期手抄新闻的蓬勃发展，新闻出版的制度也随之出现。早在15世纪，在意大利新闻出版业最发达的威尼斯共和国出现了最早的世俗政权对出版物的检查制度。在中部的教皇国，教皇出于对思想的控制，甚至颁布禁令，禁止手抄新闻的传播。在印刷术传入罗马后，教皇对于新技术也是嗤之以鼻，依然视羊皮卷为珍宝，在一定程度上阻碍了新闻出版业的进步和发展。

1848年，撒丁王国的国王卡尔洛·阿尔贝托签署法令，实行君主立宪制，该法令有宪法的性质，其中第28条规定"La'Stampa'sarà libera, ma la legge ne reprimerà gli abusi"（"新闻是自由的，但法律将限制滥用自由"[①]），这是意大利第一次在法律上确立了新闻自由权，是意大利新闻史上具有里程碑意义的重要一步。

20世纪后，新闻出版业的各项制度逐渐走向完备和规范，成为一个更具有专业性的行业。1908年，意大利的报社联合一些政治家成立了意大利全国新闻界联合会。1911年，编辑、记者的第一份国家劳动合同签订，对新闻工作的各个领域都做了较为详细的界定和规范，如记者的职业性、合同的期限、解除劳动合同的赔偿条款等都有清晰的规定，对编辑、通讯记者在合同中进行明确的定位。

1925年，墨索里尼的法西斯独裁统治扩大到社会文化领域，对新闻传播开始实行全面控制，意大利的新闻出版业进入了最黑暗的时期，所有出版物都必须宣传法西斯主义，并受到政府的严密监控。墨索里尼成立了一个新闻办公室，专门负责管理新闻出版物，制定相关管理政策、发布统一的新闻稿件等。将原有半官方半私人性质的斯蒂法尼通讯社改组，变成国家所有，且

[①] 作者译。

规定未经审核不得擅自发稿。

1926年3月25日，依据政府第838号法令，法西斯政府建立了意大利国家记者救助协会（Istituto Nazionale di Previdenza per i Giornalisti Italiani，INPGI）[①]，与报刊记者签订劳动合同，名义为保护记者的权益、为记者提供保护和救助，但实际则是从法律和制度上控制记者的言行和发稿。同时设立记者名册，所有记者必须登记在册才可以从事新闻相关活动，并且在注册前记者要与一份报刊签订合法的劳动合同。

1943年，盟军在西西里登陆并向北推进，逐步解放意大利。意大利的所有新闻出版机构都由盟军的心理战争部管理，虽然盟军多次声称对新闻没有政治审查，也没有新闻预审，但意大利刊登的新闻都是关于战事的情况和反法西斯的宣传，并且报纸印刷所需的纸张和墨水都受到心理战争部的管控。尽管法西斯政府被推翻了，但实际上意大利并没有实现真正的新闻出版自由，一方面是因为受到盟军的控制，另一方面，报刊的审批制度依然存在，政府依然拥有审批权。

二战结束后，1946年5月31日，在新闻领域，意大利取消了原法西斯时期法律中通过行政手段扣押或没收报社资产的规定，并确定只有司法机构做出有效审判时才能采取如此严厉的措施。针对新闻领域的立法进程，各方政治势力进行了激烈的角逐。天民党作为当时最强大的政党，在与意大利共产党和社会党组成的联合政府中，占据了几乎所有的关键岗位；教会此时也在不断施加其政治影响力，不失时机地谴责"物质主义"，并提醒人们警惕过度自由的危害，认为"公众舆论应该并且希望得到引导，但并不是强迫、不是诱导，也不是欺骗"[②]。1947年1月9日，在立宪会议就言论自由做最后辩论的前夕，教皇庇护十二世坚称对新闻和电影无限制的自由将会损害公共道德的最高价值。

---

① 在法西斯政府垮台后，该机构经过改组，现在依然是意大利为记者提供保护和救助的最重要的国家机构。
② MURIALDI P. La stampa italiana dalla liberazione alla crisi di fine secolo[M]. Roma: Editori Laterza, 2003: 61.

天民党的领袖阿尔切德·德·加斯贝利（Alcide De Gasperi）[①]努力去协调各种要求民主和反对民主的声音。1947年10月，意大利全国新闻界联合会在巴勒莫举办的第一次全国会议上，他发表讲话称，政府无意限制新闻工作者的职业活动，不会要求其在更广阔的信息权利方面做出让步牺牲，但是坚持要求新闻工作者们与政府、议会和共和国宪法规定的其他公共机构采取"爱国"的合作。这次会议还关注了劳动者联合会的成立和组织机构的确立、在新闻传媒企业清算方面建立法律规范的必要性、战后第一个全国性的劳动合同、意大利国家记者救助协会的独立性和资金重组等方面的问题。

图4.1　阿尔切德·德·加斯贝利

意大利新闻界的主要机构自意大利解放后曾多次要求废除对新闻活动的种种限制，同时也在呼吁"道德化"，因此各机构要求它的会员不要冒犯意大利人民的宗教信仰和道德价值观。但是，反神权的期刊在这段时期再次出现。一些天主教的政治人士对言论自由持怀疑的态度，把言论自由与滥用自由混为一谈。

在意大利共和国立宪会议上有关表达自由的辩论的关键焦点在于新闻业的资金来源、扣押和查证问题，这个问题由来已久，然而一直没有解决的方案。此次立宪会议中，各政治党派进行了一场漫长而激烈的辩论，辩论持

[①] 阿尔切德·德·加斯贝利（Alcide De Gasperi，1881.4.3—1954.8.19），意大利政治家，意大利天民党前书记，1945—1953年连续担任意大利总理，是战后意大利的首位总理，也是任期第二长的总理，主持了意大利的战后重建。曾担任梵蒂冈教廷图书馆馆长，因此利于他在担任总理后处理与教廷的关系。他积极推动欧洲和平和建立联盟，组织建立欧洲煤钢共同体，与法国的罗伯特·舒曼、德国的阿登纳并称为"欧盟之父"。

续了整整一天,直至深夜。最终在1947年4月15日,立宪会议主席提供了辩论后形成的最终法律文本,也就是进入《意大利共和国宪法》中的第21条:所有人均有权以口头、书面及其他传播手段自由地表达其思想;新闻业无须受任何授权和审查;在新闻活动违反法律时只有司法机构可以对其资产进行扣押,在紧急情况下,警察机关可以进行扣押,但需在24小时内上报司法机构,司法机构须在24小时内批准,若司法机构没有在24小时内批准,则扣押失效并撤销;法律可以规定定期出版物的资金来源方式;禁止所有的出版物、演出和其他展示活动违反良好的世俗风尚,法律应制定相应的措施来避免和惩罚违背良好世俗风尚的行为。如此,意大利从宪法上保障了人民的新闻言论自由,但是关于扣押的问题却激起了中右派激烈的反对,于是1948年2月8日通过了一部《临时新闻法》(Legge Stralcio)。

这部法律规定:出版仅需完成规范的注册程序即可,取消了任何形式的"批准授权",明确出版社的社长和副社长所需承担的责任,并规定社长、所有者和出版方不能为外国公民;另外规定了更正的权利;将墙报[①]也同样纳入定期出版物的法律框架下进行管理;对于通过出版的方式诽谤和损害他人名誉的行为将按刑法的规定进行重罚;对面向儿童和青少年的含有恐怖、惊悚内容的出版物制定了专门的、严苛的惩罚条款;惩罚以阻止出版物销售、分发和传播为目的的破坏活动。

《意大利共和国宪法》的第21条和《临时新闻法》将会对新闻业带来什么样的影响呢?首先,《意大利共和国宪法》第21条为各大政治团体提供了谈判协商的总体环境,但相比于法国和联邦德国的宪法,意大利对于表达自由的法律规定还是相对保守的、有限的。其次,《临时新闻法》的出台可以说是因为无法颁布一部完整的、全新的新闻法而采取的一种退而求其次的补救措施,也体现出政治力量在铲除法西斯体制残留下来的机构和法规时的谨慎态

---

① 墙报,即张贴在工厂或其他地方的墙上的公开文章,曾在意大利左派运动中被大规模地使用。

度：既想要保护新生的民主，又要保护无法明说的利益，还要在1948年4月18日即将到来的大选中面对来势汹汹的新政治力量的角逐。总之，对于法律颁布前立宪会议辩论中的关键问题，在《意大利共和国宪法》和《临时新闻法》中被推迟和回避了，这些问题都交给了不久之后赢得第一次大选的人。而在获得言论自由的最初几年，政治家和新闻工作者们都没能认识到，在西方的民主体系下，新闻业的进步需要在法律领域、职业领域和经济社会领域全方位进行规范以建立一个民主的社会秩序，包括建立一个真正规范清晰、保障自由的法律体制，加强对资金来源、纸张和其他原材料成本的核查以及劳动合同方面的规范等，以避免产生任何集团优势和特权。

恰恰在同一年，联合国颁布《世界人权宣言》，规定"每个人都有无障碍地、利用任何表达手段寻找、获取和传播信息和思想的自由"。这一规定使人从拥有表达的自由权扩大到拥有信息的自由权。依然在同年，联合国在日内瓦召开了新闻自由大会，然而不同体制国家的新闻界存在着深深的分歧，因此没有任何具体的成果公布。

所有这些国际现状和潮流，意大利国内的法律体制、政治形势、社会现状，以及二战期间盟军占领留下的英美传媒模式的影响，共同促使意大利的大众传媒在不完整、不彻底的自由中踽踽前行。经历了二十年的法西斯独裁统治，自由回归了，可意大利的传媒业又立即面临着一个困难重重的环境。这有历史的原因、传统的原因，还有自由资本主义体系内在的原因以及国际、国内形势带来的压力。1948年年初，二战抵抗运动带来的气魄和坚持都在鼓舞着意大利进行一场深刻的体制结构和社会习俗的革新，然而对这场彻底的革新寄予的希望却渐渐消退了，大众传媒业的经历似乎预言了这一切，当意大利政府依然是由天民党、社会党和共产党人把持的时候，传媒业的状况就可以预料了，因为意大利大众传媒一直以来就有政治化的传统，是政治的工具。

一些曾经屈服于法西斯政权的报社所有者重新得到原来的报纸和企业，原来归属法西斯政府的报社设备或者交给意大利总工会（Confederazione

Generale Italiana del Lavoro），或者交给其他的报社企业。出版商们一度分别归属于两个协会，即中部南部协会和北部协会，很快两个协会合并为一个协会，但传媒企业的结构并无改变。

在意大利，几乎没有一个纯粹的、仅从事出版业的出版商，他们在更广阔的范围内形成各种利益联盟，在生产、传播和销售报纸的过程中，呈现出旧的模式，即更偏手工业化，而不是追求现代化的工业流程。因此当出版报刊的企业出现财政赤字时，他们只想用政治利益和其他领域的经济利益来弥补，于是企业主们开始联合起来参与政治斗争，要求政府拨款补贴、规范报纸售价等等。

1947年7月27日，战后第一个全国新闻界劳动合同签订，其中规定：社长的权力要高于出版商的权力，即高于报社所有者的权力，社长与出版商之间要以合同的形式明确彼此的权利和义务；社长有绝对的权力对主编进行政治和专业技术上的指导以帮助其开展工作；要通过选举产生编辑委员会，其主要任务是保障记者的物质和精神权利并对报社发展提出建议；所有新闻从业者必须要在记者登记簿上注册。

1948年《临时新闻法》通过后，仍在不断地修改，政界、法律界、新闻界人士对该法案提出了一系列修正案，从法律上为新闻出版业提供各种优惠和补助。如新闻用纸价格优惠、造纸原料的进口费用由国家承担，邮政、电报电话费用、纸张运输的优惠和减税，记者享受火车票价优惠70%、飞机票价优惠25%、以极低的价格购买高速路定期票，等等。纵观世界，各国对传媒业都会提供各种优惠和资助，并非意大利一国如此，但意大利在为新闻出版业提供优惠这方面确实超过了大部分国家。

意大利全国新闻界联合会和各地区的协会一直在为提高新闻工作者的工资待遇而努力，抗议对新闻自由进行政治和司法上的威胁。1958年，意大利通过了一项新的修正法案，将社长的责任与作者的责任区分开来，规定若证实作者在报刊上刊登的文章出现了违法行为，社长仅负有名义上的过错责任,而无须像原来法律规定的那样,仅因为刊登了该文章而承担刑事责任。该法案即为1958年3月4日生效的第127号法案,它为保障新闻活动的自由进一步提供了法律依据。

另一方面,意大利对记者的职业道德也有明确的法律约束,1963年,第69号法律第2条中规定:信息与批评的自由是新闻工作者们不可被剥夺的权利,但该自由要置于法律的监督之下,并且不可侵犯他人的人格;探究并尊重事实的真相是新闻工作者们不可违背的职责,事实将永远被视为职业的忠诚和信仰;不准确的消息要更改,可能出现的错误要纠正;新闻工作者和出版商要严守信息来源等职业秘密,发挥同行之间的合作精神,推动新闻工作者和出版商之间的合作,增进新闻界与读者之间的信任①。这为保证新闻的质量和真实性提供了法律的依据。

1975年,意大利又通过了一项法律,要求所有的出版商要公布每种报刊的预算收支。这样有利于掌握出版商的资金状况,既可有效控制财政赤字,又可掌控各种大众媒体与经济界和政治界的关系。然而报刊业巨额财政赤字的问题并没有得到根本的好转,在广播电视的冲击下,报刊业的巨头开始试图通过修改法律转移债务,以里佐利集团为首的报刊出版集团提出"削减债务"的法律提案,将债务转移到纳税人身上,该提案受到了几乎所有党派、绝大多数出版商和新闻业工会的欢迎。

随着报刊业的兼并,私人电视广播公司试图涉足报刊出版业,意大利急需出台新的法律以规范传媒领域的活动。经过各方势力多年的角逐、争论,立法进程遭遇多次中断,但在1981年的春天终于迎来了突破。

众议院中由共和党人奥斯卡·马米(Oscar Mammì)主持的特别委员会提交了一份法律提案,辩论重新开启。分歧仍然存在,主要集中在三个议题:设立一个法律执行的担保机构、反托拉斯限制条款、编辑的权利。对于第一

---

① MURIALDI P. La stampa italiana dalla liberazione alla crisi di fine secolo [M]. Roma: Editori Laterza, 2003: 165.

点，小党派们担心被排除在这个担保机构之外，于是同意设立一个"单一担保人"（Garante Unico）；对于反托拉斯限制，主要涉及里佐利集团的利益，里佐利集团已经占据了日报总发行量的23%；对编辑部和出版方的权利规定，大多数人反对扩大新闻工作者的权利。由于多方复杂的利益纠缠，争论异常激烈。不出意外，最终1981年8月6日公布的法律文本是各方妥协的产物，但支持者们称其为"积极的妥协"。该法律就是著名的416号法律，通常被称为《出版法》，为了落实该法律，之后还需要通过三个补充法案。

"单一担保人"是意大利法律体系中的一个新的角色。他将由参众两院的主席共同在高级大法官中选出，任期为五年，每半年向议会提交一份报告。单一担保人也负责新闻登记，是其他行政工作的办公室的总负责人，这些办公室都隶属于总理府。在1990年之后，单一担保人还新增了一项任务，即对有关电视的法律执行情况进行监督。

416号法律分为两个部分，第一部分名为《报纸和期刊的出版企业法令》（*Disciplina delle imprese editrici di quotidiani e di periodici*），它主要包含常规条款，诸如公开企业所有权、资金状况、股票转移以及限制报业集中等方面。在限制报业集中方面做出一个规定：出版方所拥有的全部报纸，包括体育报在内，其发行量不得超过全国总发行量的20%，在四大区域内（东北、西北、中部和南部）的发行量不超过50%。而对期刊则没有反托拉斯的限制，并且允许期刊得到公共援助。这项决定主要得到了大党派的支持，甚至在期刊并没有出现资金困难的时候，也可以得到出版补贴。第二部分主要为实现技术更新提供十五年的融资支持，包括无偿拨款、对裁减人员提供的救助基金，以及其他的社会稳定措施。

这部《出版法》对意大利的传媒业起到了积极的影响，但也有不足之处。积极的方面主要体现在出版商的所有权结构和报纸发行量在全国的占有比例更加清晰了。不足之处在于：虽然有反托拉斯的条款，但是不同公司之间的联系依然让人存疑；每种报纸的预算虽然按要求公开了，但还无法实现绝对的透明；资金干预的迟缓也使许多较弱的企业面临风险，因此要求加快补贴流程的呼声越来越高。

在第一个五年之后，对报纸和期刊的无偿拨款分别达到4710亿里拉和1140亿里拉，各种社会补贴和技术补贴达到了1万亿里拉[①]，到1985年，仅有20多家日报出现财政赤字，高额的补贴和融资终于扭转了报刊业的亏损局面。

20世纪70年代，意大利的法律依然认定电视广播的新闻业务为国家垄断的公共服务，维护着RAI的垄断地位。1975年，意大利议会通过新的广电法，将RAI的控制权由政府转交给议会，再次确立RAI在全国的垄断地位，但对RAI进行了改革，以求引起内部竞争，实现RAI的良性发展。然而随着技术的发展，地方私人电视台慢慢出现，游走在法律边缘，迫切地需要冲破法律的限制。1976年7月28日，意大利宪法法院通过第202项法律裁决，打破了意大利广播电视公司的垄断地位，开始允许私人资本经营地方广播电视节目。贝卢斯科尼的菲宁维斯特集团积极地收购地方电视台、进军报刊界。自1976年起，宪法法院就曾不止一次地提出制定商业电视法，然而采用空间信号传输的商业电视却仍然是法外之地。

20世纪80年代末，共和党人奥斯卡·马米向议会提出了一项规范广播电视混合系统的法律提案，后被称为《马米法》。经过激烈的斗争，该法案于1990年8月5日获得参众两院的通过，也就是第223号法律。该法律禁止公司同时拥有出版和电视业务，但在一定程度上认可了RAI和贝卢斯科尼的菲宁维斯特集团的双头垄断地位。

意大利的大众传媒业历来被人诟病的顽疾不仅是拥有种种特权，其职业道德和专业性的污点等问题也慢慢暴露出来，比如新闻一直与政治捆绑在一起、媒体没能履行其信息提供者的功能，等等。1991年5月8日，意大利通过了《内部交易法》，旨在打击记者通过内部消息交易扰乱金融市场的行为，以

[①] MURIALDI P. La stampa italiana dalla liberazione alla crisi di fine secolo [M]. Roma: Editori Laterza, 2003: 220.

图杜绝记者行业与经济、金融界相互勾结，非法获利。

时任意大利全国新闻界联合会主席的罗迪（Roidi）先生和意大利记者公会①主席的法乌斯蒂尼（Faustini）先生共同提出《新闻工作义务宪章》（*Carta dei Doveri del Giornalista*），并提交议会讨论，然而该宪章被认为有限制新闻报道自由的潜在风险。之后又有一些关于记者职业道德的法律提案，但因为缺乏相应的惩罚措施难以有效实施。加上意大利本身的政治体制问题，从法案的提出、辩论到审议通过，程序烦琐，常常耗时数年，而各政治力量的争夺妥协造成许多法案或偏离初衷或不了了之。

20世纪前后，中左和中右翼政府轮番上台执政。当中右翼党派的贝卢斯科尼当选意大利总理，上台组阁后，推动通过了多项颇有争议的法律，这些法律成为他打击竞争对手、使自己的传媒集团和追随者们获利的工具。而与贝卢斯科尼对立的罗马诺·普罗迪（Romano Prodi）②领导的中左翼政府则在上台后积极推动立法以限制传媒业的垄断，如1997年议会通过《马卡尼克法》（*Legge Maccanico*），即第249号法律，第一次规定电视运营公司拥有的频道数量不得超过市场总量的20%，引导传媒市场实现更加公平、充分的竞争，倡导多元主义。

第二节　意大利通信保障局

1997年，根据《马卡尼克法》（*Legge Maccanico*），意大利成立了通信保障局（Autorità per le Garanzie nelle Comunicazioni，AGCOM）。作为一个独立的权威机构，意大利通信保障局拥有在电信、音像、出版、网络领域的权力

---

① 意大利记者公会（Ordine dei Giornalisti），成立于1963年。
② 罗马诺·普罗迪（Romano Prodi，1939.8.9—　），意大利政治家、经济学家，曾于1996—1998年、2006—2008年两度出任意大利总理，1999—2004年担任欧洲委员会主席，曾任意大利中左翼橄榄树联盟主席。曾多次访问中国，致力于发展中意、中欧友好关系。

和监管资格，负责确保公平正当竞争，保障传媒领域的多元化和公民的基本信息自由，同时开展研究和创新活动，维护市场的良性发展和适度竞争。

图4.2　通信保障局标志

法律赋予通信保障局自主权，它可以在办公室的组织和运作，工作人员的经济待遇、预算、报告和支出方面制定自己的规章制度。

通信保障局组织工作条例详细规定了该局的行政结构，其最高负责人是秘书长，发挥法律和行政职能的"连接点"的作用，负责各组织单位的运作，推动该局主席和各专业委员会制定的政策方针的执行以及对机构进行监督管理。秘书长在遵照各专业委员会确定的优先事项和指导方针的前提下，对各局级单位和处级单位的整体运作负责。在制定战略规划、实施计划和整体监控的工作中，委员会任命的两位副秘书长将协助其工作。

通信保障局的组织结构由总秘书处和一级、二级组织单位组成。通信保障局的一级组织包括六个局级单位和七个处级单位；二级组织是各办公室。为支持各专业委员会的工作，还设立了技术创新顾问。

根据宪法规定的分权原则，通信保障局下设的职能机构是区域通信委员会，负责管理、保障并监控当地重要通信系统的运作，根据1997年第249号法律的规定，区域通信委员会取代了先前存在的广播电视地区委员会，它通常由五名成员组成，都是通信领域的专家。它们由各大区提供资金，执行与各大区的特定需求相关的任务；通信保障局提供的资金用于行使其被委托的职能，后者必须在遵守通信保障局制定的原则和指导标准的框架内进行。到目前为止，所有地区都颁布了建立区域通信委员会的法律，并任命了主席和委员。

该通信保障局全体工作人员的行为都受到《伦理法》的约束，并由专门的伦理委员会监督。为确保行政工作和财务管理的规范，还成立了一个担保委员会。工作效果评估则交给一个独立的机构，即内部控制委员会。

意大利通信保障局设有几个重要机构，其最高行政管理机构是委员会，下面还有网络和基础设施委员会、产品和服务委员会等。

一、委员会

委员会（Consiglio）的工作职能主要有以下几个方面：

第一，行政方面。委员会需针对国内和国际通信领域的技术革新和演变，向政府提出相应的干预措施，包括立法上的规范；通过制定具体的规章制度，确保关于使用通信媒体和基础设施的法律条例得到实施；按照法律规定发放许可、确定相关费用标准以及在广播电视领域制定发放许可的原则和形式方面的规范；基于委员会批准的条例，向通信部提交发放广播电视许可和授权的规章制度；授权依法运营的广播电视公司的所有权转让；就国家频率分配计划纲要向通信部提出建议并制订频率分配计划；发布总体服务质量标准，规定每个活动领域的最低标准；负责处理利益冲突、体育视听权利、消费者保护、邮政服务等问题。

第二，技术方面。依托电信和邮电高等研究院（Istituto Superiore delle Poste e delle Telecomunicazioni），促进通信和多媒体服务领域的技术创新和发展的调查和研究；促进通信服务领域的技术整合和服务供给。

第三，监督方面。根据法规规定的程序，核查经授权或许可的广播服务提供商的资产负债表及其活动的所有相关数据；在现行法律下，对在广播电视领域中具有事实上的支配地位且已违反法律规定的企业采取相应的反垄断措施；承担无线电传输领域和出版业的担保人（Garante）的职能；核查广播电视公共服务领域的特许经营公司是否遵守相关法律的情况，并依法对其进行监督，要求特许经营公司作为责任经理方，按照劳动合同的规定落实相关程序；在收到有关市场竞争管理文件后的30天内，要依法对通信领域运营商提出明确的整改措施和意见；确保关于政治宣传、广告和政治信息的现有法令的实施以及在出版、传播信息和选举宣传方面遵守关于待遇公平和机会均等的原则，并发布实施细则；向通信部提出公共服务广播电视特许权所附的公约纲要，核实上述公约以及公共服务特许经营者与公共行政部门之间签署的所有其他义务的执行情况；议会中的广播电视服务监督和政策指导委员会需在30天内对公约的内容和与公共服务特许公司签订的服务合同提出意见，同时监督上述公共服务目标的落实情况；核实大众媒体上的民意调查的发布和传播是否按照其颁布的特别条例中的标准执行。

此外，委员会还需在每年6月30日之前，向意大利总理提交一份关于通信保障局本年度工作总结、下年度工作计划的年度报告，并由总理转交给议会审核，该报告还需包括其主管领域的相关数据和说明，特别是关于技术发展、资源、收入和资本、潜在和实际的传播能力、观众和读者数据、信息系统中的意见多元化以及本国和欧盟范围内的广播、电视、日报、期刊和其他媒介之间的交叉融合情况。

综上所述，该委员会在意大利广播电视业发展方面负有全面指导、监督的职能，在保证市场公平竞争、保护公民信息权利方面发挥着重要的作用。

二、网络和基础设施委员会

网络和基础设施委员会（Commissione per le Infrastrutture e le Reti）的职能主要分为以下几个方面：

第一，技术标准方面。制定通信安全措施，并推动通信部各机构参与改进设备、消除电磁干扰的工作；制定解码器的标准，以实现服务的可用性；根据非歧视标准为电信基础设施的互联和接入制定客观和透明的标准，规定最高费率；促进国家电信系统与其他国家电信系统的互联互通；制定与人类健康相适应的无线电频率限定标准，并监测综合电磁辐射是否超过影响人类健康的极限值。

第二，管理方面。负责通信运营商的登记注册；规范电信基础设施运营商和用户之间的关系并确保电信基础设施运营商向用户提供网络互连和接入的基础性服务；促进该领域运营商之间达成技术协议，以避免技术设备的激增过剩；解决网络互连和使用电信基础设施的争端；确定综合服务的主体和客体的权力范围、决定相关费用的分摊和确定方式，并可适时提出相应的修改；根据客观、透明、非歧视、公平和及时的标准，制定电信网络和服务的国家编号计划原则。

第三，客户服务方面。定期接收公共电信服务运营商关于用户服务中断案例的报告，针对各种中断的情况制定可行的指导方针；针对通信保障局已有条例中明确规定的情况，相关用户可以就服务中断问题向通信保障局提出上诉；调解电信服务提供商和私人用户之间的纠纷。

三、产品和服务委员会

产品和服务委员会（Commissione per i Servizi e i Prodotti）的主要职责是对电信服务及运营商进行监督，对广播电视领域的调查数据进行审查，具体如下：

（1）通过促进技术整合和提供电信服务监督每个根据现行法规获得特许或授权的运营商所提供的服务和产品符合法律要求。

（2）除法律赋予特殊机构的权限外，监督服务和产品的销售方式，包括各种形式的广告；在遵守欧盟规定的基础上颁布管理条例，以规范管理固定和移动网络运营商与从事电信服务转售的运营商之间的关系。

（3）根据现行法律，同时考虑到制作人之间可能存在的各种协议，确保不同服务机构在使用视听作品时必须超过从视听作品出版到可被服务机构使用之间需经过的最短期限。

（4）在任何形式的广告和电视购物领域，依据现行法律发布具体的实施条例；规范产品或服务的提供者或网络运营商与用户之间的互动，尤其是涉及运营商获取用户信息以及使用与用户有关的信息的操作规范。

（5）核查广播电视部门在遵守未成年人保护法方面的落实情况，包括电视与未成年人关系的自律守则、议会广播电视服务总指导原则和广播电视服务监督委员会准则等。

（6）监测在大众传播领域对公认的语言少数群体的保护情况。

（7）核查广播电视部门在遵守法律规定前提下的整改情况。

（8）监督对各种媒体的观众和广播指数的调查。

（9）监督由其他机构调查的各种媒体的观众和广播指数的正确性，对所使用方法的适当性进行检查，对公布数据的真实性进行检查，以及对监测和调查电视广播的公司的工作进行检查。如发现故意以错误的方法操纵数据，或故意使用虚假数据，应根据《刑法》第476条第1款予以处罚；如果受众评级调查不符合有关人口或媒体的普遍抽样标准，通信保障局可组织进行必要的调查。

（10）依托通信部的地区监察局对电视广播传输进行监测。

四、全国用户委员会

全国用户委员会（Consiglio Nazionale degli Utenti, CNU）是根据1997年7月31日第249号法律第1条第28款设立的，由代表各类电信和广播电视服务用户的协会所指定的专家组成，这些专家在法学、社会学、心理学、教育学和大众传媒领域具有相应的资质，在确保人的权利和尊严或保护未成年人的特殊需要方面表现突出。该委员会完全自主地表达意见，有权向通信保障局、议会、政府以及在视听方面具有管辖权或在该领域开展活动的公共和私人机构提出意见和建议，以保护公民在通信方面的权利，同时就一些问题提出进行对比和辩论的倡议。通信保障局通过自己的条例，规定了国家用户委员会的人员构成、组织和运作的标准，并限制其成员人数不得超过11人。

五、伦理委员会

伦理委员会（Comitato Etico）成立于1999年，负责评估通信保障局在遵守道德法规方面的情况，并就此提出意见和建议。伦理委员会的成员由通信保障局委员会根据主席的提议，从众所周知的独立的、拥有道德权威的人士中选出，并一直任职到通信保障局成员任期结束为止。通信保障局依照第552/18/CONS号决议通过的《伦理法》，规定该局的工作人员在开展服务活动时必须遵守该法。

六、担保和控制委员会

担保和控制委员会（Commissione di Garanzia e Controllo）保证并推进行政和会计管理的正确性、公正性以及通信保障局各局级单位、处级单位、办公室、内部控制单位能够良好运作；监督行政机构遵守法律和法规的情况；对财务管理行为进行审查，特别是对合同程序进行审查，并在必要时提出自己的意见；至少每三个月开展一次现金和预算审计；对预算草案和年度账目撰写专门的审议报告，特别是对账目中显示的结果与会计记录的一致性和管理程序的规范性做出评判；监督通信保障局现行规则和决议中所制订目标的实现情况；检验促进机会平等的实践成果；提供必要的调查方法，同时利用国家反贪局（ANAC）提供的模型进行员工调查以检验机构的福利水平；促进并证明已履行了2009年10月27日第150号法令第14条第4款规定的有关透明度和诚信的义务；监督内部控制系统的功能和透明度，并向委员会报告；应通信保障局的要求提出意见。

担保和控制委员会独立运作，只对通信保障局主席和总委员会负责。为了执行任务，该委员会可以查阅与通信保障局活动有关的法案和文件，并有权要求管理层提供必要的数据和信息。

第三节 意大利全国新闻界联合会

意大利全国新闻界联合会（Federazione Nazionale della Stampa Italiana, FNSI）最早成立于1908年。1924年，因为它拒绝合并入全国唯一的亲政府工会组织而被意大利法西斯政府宣布解散。二战后期，该联合会于1943年重新成立。意大利全国新闻界联合会是全国唯一的、独立于任何其他工会组织的统一机构。 它是一个自由的工会协会，各地区的记者协会都归属于该联合会。它遵照《意大利共和国宪法》第39条进行活动，该条法律规定了工会组织的绝对自由权。

图4.3 意大利全国新闻界联合会标志

意大利全国新闻界联合会是意大利记者的全国统一工会联盟，其主要目标是捍卫新闻自由、实现媒体的多元化、保护该行业应享有的精神和物质权益。该联合会的主要活动是缔结集体劳动协议，并向地区新闻协会和公司的工会组织（编辑委员会和理事会等）提供工会援助。

根据1947年规定的联盟协议,工会联合会(CGIL[①]、CISL[②]、UIL[③]和UGL)的代表以顾问身份参加该联合会的全国理事会,其他工会组织承认该联合会是完全代表新闻界的利益的专门机构。

它的主要组织机构有:全国代表大会、全国委员会、联合会主席、执行委员会和总秘书长。

1.全国代表大会(Congresso Nazionale)

全国代表大会每四年举行一次,拥有充分审议权,由19个联合会内部选出的309名记者代表(专业人员和工作人员)参加。

2.全国委员会(Consiglio Nazionale)

全国委员会是执行全国代表大会决定和决议的机构,由91名专业委员和25名报刊合作通讯员组成,一部分由全国代表大会直接选举产生,一部分由地区协会代表团选举产生;全国委员会中有以顾问身份参加的联合会前主席和前秘书长以及在新闻行业机构中发挥作用和承担责任的其他重要人物。

3.联合会主席(Presidente)

主席可以是专业记者或通讯员,由全国委员会从其成员中选出。

4.执行委员会(Giunta Esecutiva)

该委员会是工会的管理机构,由全国委员会选出,由11名专业记者和3名工作人员组成。

[①] 意大利总工会(Confederazione Generale Italiana del Lavoro, CGIL)。1944年,当时主要的工会组织领导人在罗马签署协议,成立了共同的工会组织,之后逐步发展成为全国性的工会,是意大利三大工会之一。
[②] 意大利劳动者工会联合会(Confederazione Italiana Sindacati Lavoratori, CISL)。1950年由意大利劳动者自由联合会和意大利劳动协会合并而成,目前是全国性的工会,是意大利三大工会之一。
[③] 意大利劳动联盟(Unione Italiana del Lavoro, UIL)。1950年成立于罗马,是有改良主义倾向的工会组织,1972年加入意大利工会联盟,成为三大工会之一。

5. 总秘书长（Segretario Generale）

总秘书长是一名专业记者，由全国代表大会直接选举产生，对工会负有法律责任，也拥有业务领导权力。根据秘书长的建议，全国委员会任命意大利全国新闻界联合会各办公室的主任，并可从执行委员会成员中选出一名或多名助理秘书长协助总秘书长工作。

意大利全国新闻界联合会的法定机构还包括两个：一是全国编辑委员会和信用担保人会议，这是一个将所有报社当选的工会代表聚集在一起的协商机构；二是大区协会主席理事会。此外，该联合会下还有一些附属机构，如意大利广播电视公司记者公会联盟、退休记者全国联盟以及一些更加细分的专业化组织协会，如旅游新闻业协会、新闻出版记者协会、意大利电影批评工会、意大利汽车记者联盟、意大利农业环境饮食文化记者联合会、意大利体育新闻联盟、意大利跨文化新闻联盟、外国新闻协会，等等。

第四节　意大利国家记者救助协会

意大利国家记者救助协会（Istituto Nazionale di Previdenza dei Giornalisti Italiani, INPGI）是属于意大利社会保障体系的多元化框架内的机构，按照《意大利共和国宪法》第38条之规定，它被归入承担强制性社会保障和社会救助任务机构的类别。该条法律规定：每个丧失劳动能力和失去必需的生活资料的公民，均有权获得社会的扶助和救济；一切劳动者，凡遇受伤、疾病、丧失劳动能力、年老和非自愿失业等情况时，均有权及时获得能满足其生活需要的保障和支持；无工作能力的人和未成年人均有受教育和受职业训练的权利；本条所规定的各项任务由国家设立或隶属于国家的机关和机构执行。

意大利国家记者救助协会是行业内唯一一个以统一、独立的监管方式管理所有强制性的社会保障和救助形式的机构,专门服务于专业记者及其合法家庭成员。

图4.4　意大利国家记者救助协会标志

该机构的结构模式是经过一个渐进的演变过程实现的。1870年左右,意大利还没有一个合法的、完备的社会保障体系,在某些地区出现了记者福利基金组织(Casse pie di Previdenza dei Giornalisti),这是一种自愿互助的组织形式,而国家记者救助协会就是以此为基础逐渐发展而来的。之后,由于人们感觉到有必要建立一个全国性的统一机构,所以工会在续签全国新闻业劳动合同的谈判中提出了设立一个特别基金的建议,这个建议被出版方接受了,于是根据1926年3月25日第838号皇家法令(1926年5月26日第121号政府公报),意大利国家记者救助协会正式成立,国家确定其为非营利组织。1928年12月31日,第3316号法律宣布,原记者福利基金组织正式终止运作,将其并入新成立的意大利国家记者救助协会。

根据卢比纳奇(Rubinacci)议员的立法倡议,考虑到记者职业活动的特殊性,记者们不仅面临雇佣关系中固有的正常风险,而且还面临政治事件的威胁迫害,因此,1951年12月20日,政府颁布了第1564号法律,即《卢比纳奇法》,该法律承认意大利国家记者救助机构具有可以替代所有强制性的社会保障和福利措施的性质,并为在该机构注册的职业记者提供援助。由此,该机构获得了具有法人资格和管理自主权的公法机构的法律地位。并且法律规定,雇主应付的缴费金额和机构提供的救助不能低于相应形式的强制保险所规定的金额。

该机构最初四年的活动经验表明,有必要对该组织做出进一步的管理规定,以便在技术操作上和行政上巩固记者的救助保障措施。1955年11月9日的第1122号法律,即《维格雷里法》(Legge Vigorelli)满足了这一需求,其中包含"对意大利国家记者救助协会实施社会保障和社会救助的各种规定"。

两部基本法律(《卢比纳奇法》和《维格雷里法》)及其之后的法案,包括章程和条例以及采取的发展举措,从制度规范和权利保护的角度使该协会的权力范围明显扩大,并且随着法律法规的完善,该组织已在其管辖范围内处于领导地位,成为保护新闻职业、进而保护新闻自由不可或缺的重要机构。

目前,根据1994年6月30日出台的第509号法令的规定,国家记者救助协会已具有"基金会"的法律地位,该法令对管理强制性社会保障救助形式的机构转变为营利法人做出了规定。

该机构在罗马设有唯一的总部,在劳动和社会保障部、财政部的监督下开展活动。为了在该组织的中央机关和服务部门与其注册成员之间建立合适的联络机制,它将全国划分为19个区,通常与大区或跨区的记者公会的地域范围相吻合,这19个区的分支机构有组织机构活动和举行总理事会、工会团体选举的职能。每个分支机构都有一个联络办公室,由国家记者救助协会指定一名在该机构注册的记者担任代理人。

意大利国家记者救助协会设有主席、理事会、行政委员会、专门委员会、工会团体。

按照意大利国家记者救助协会的章程,该机构可为专业记者、通讯员和受雇为记者的见习记者提供残疾、年老、退休和遗属抚恤金;在罹患结核病时提供经济支持;失业时提供家庭津贴和法律规定的任何其他待遇;出现事故时提供救助保障等。此外,还可以为以上人员提供具有社会福利性质的养恤金和津贴;通过直接管理或签约的形式为老年人和残疾人提供扶助金、贷款、补贴、温泉治疗费和强制福利之外的补助;为注册成员的子女和孤儿提供新闻培训课程等各类学习的奖学金;甚至包括为注册成员获得住房提供便利条件,如发放抵押贷款和在相关具体条例中确定的其他形式的福利和资助。同时,根据现行的相关条例,针对各种救助和资助形式建立独立的管理方式。

第五节　意大利记者公会

意大利是记者职业诞生最早的国家，但该职业真正得到法律上的承认和保护则是到1963年才实现。意大利记者公会（Ordine dei Giornalisti）是依据1963年2月3日意大利颁布的第69号法律成立的，该法律规定：新闻活动是一种具有专业性质的脑力活动。因此，新闻活动具有"创造性"的特点，这使记者不再是简单的雇员或行政人员，而成为专业人士。该法律还确认了新闻的社会意义，并规定从事这项专业工作的人需要进行强制性的登记，同时规定登记的条件和方式；所有这些，首要是保障公众舆论的专业性和客观性以及作为信息接收者——读者的权益。

图4.5　意大利记者公会标志

该法律还规定了记者行业实行自我管理和约束，即由该行业民主选举的记者负责管理登记簿，避免黑工，保证团结。由此，自1927年以来由墨索里尼政府颁布实行的意大利新闻行业法令彻底失去效力。意大利记者公会的成立一度被视为中左派政党斗争胜利的标志性成果。不仅在欧洲，甚至在全世界范围内"新闻记者公会"都是意大利独有的行业组织。事实上，就记者行业的保护而言，全世界都存在一种自我管理的趋势。人们感觉到了国家或其他外部实体所有微妙的干预，这些干预对信息的自主性施加了限制，并且它不仅存在于拉丁语国家，也存在于具有完全不同的法律文化的盎格鲁-撒克逊国家。所有人都坚持认为实施某些干预措施，比如那些具有道德性质的干预措施，是该行业机构内部的责任，因此无论是专业团体、公会还是协会，均要求立法以确立并保护行业内部实施适度的干预措施。

记者职业管理的法律是如何产生以及为什么会历史性地诞生于1963

年呢？实际上，早在1877年，随着意大利期刊新闻协会（Associazione della Stampa Periodica Italiana）的成立，人们就开始关注并讨论这种作为具有专业性质的知识服务的出版行业了。事实上，这个协会的章程规定了三类人：职业记者，即专门从事新闻工作的人；通讯员，即不单单从事新闻工作，还有其他职业的人；定期约稿人，即那些定期在报纸和一般新闻报刊上发表文章的文化和政治界人士。

1908年，意大利首次在法律上承认记者这一职业，并诞生了第一个记者登记册。在1908年7月9日颁布的第406号法律中，规定记者可享受8张铁路折扣券，每张减免火车票价的75%。折扣券是提供给那些"以新闻业为惯常、唯一和有偿职业"的人的。该法律还规定在国家铁路局设立一个特别委员会，专门负责编制一份包含报社社长、编辑和通讯员的名单，并向他们发放折扣券。1925年3月，意大利全国新闻界联合会和出版商之间签署了一项协议，规定在每个地区协会建立一个记者登记委员会，且双方人数相等，主要负责编纂当地的登记册，随后将登记册纳入合同框架。

在记者登记委员会中成立了一个上诉委员会，以处理和裁决被排除在当地记者登记册之外人员的上诉。在1925年7月14日签订的合同中规定：专业记者是指那些将新闻工作作为唯一有偿职业至少18个月的人。同样，1925年12月，根据第2307号法律，记者公会成立了，并在设有上诉委员会的城市建立了公会分部。记者公会按规定应制作当地的记者登记册，并且只有登记在册的记者才被允许从事这一职业。然而，该公会的规定没有得到真正落实。甚至在1928年2月，一项皇家法令无视以前的法律，只对"记者职业登记册的建立"做出了规定。这种局面的形式很容易解释，在1926年，实际上意大利已经建立了"维护公共权利的唯一工会"，这是一个包括所有行业的专业人员的体系。这个体系用严格的限制措施使现有的一些团体生存下来，其他一些组织，如记者公会，则被禁止活动了。

1928年的皇家法令延续了意大利期刊新闻协会章程中的规定，将记者登记册分成三个独立的名单：(1)专业人员，即专门从事记者工作至少18个月的人；(2)实习生，虽然专门从事记者工作，但工作未满18个月或年龄未到21岁的人；(3)通讯员，即除了将记者作为有偿工作之外，还从事其他工作的人。从专业的角度来看，这与过去的分类有一定的延续性，也与当时的职业体制有一定的相似性，直到现在，意大利在记者登记方面依然是同样的分类（专业人员、实习生和通讯员），仍然规定了18个月的实习期等等。然而，那时的记者公会还不是一个完全自我管理的机构，因为记者登记册是由司法部与内政部商定后任命的五人委员会管理。

若有人反对记者登记委员会的决定，可以向一个由10名成员组成的新闻高级委员会提出上诉；该高级委员会的成员是根据司法部部长的建议，并与内政部协商后通过法令任命的。在这10名成员中，有5名是从国家法西斯工会领导机构指定的记者中选出的。随着法西斯政府的垮台，以自由联合为基础的行业协会得以重生。1943年7月26日，意大利全国新闻界联合会重建，在罗马马里尼奥利宫的新闻俱乐部（Circolo della Stampa）举行了第一次活动。意大利全国新闻界联合会立即提出了记者登记册的问题，采取的方案可以有以下几种：(1)完全废除法西斯立法；(2)从头开始规范记者行业；(3)承认1928年的立法，但需进行一些修正。

最终，意大利全国新闻界联合会选择了第三种方案，登记册不仅是一个职业名录，而且方便该联合会对所有注册记者提供保障支持，也是对读者所接收到的信息的一种道德上的担保。1944年10月23日，意大利全国新闻界联合会前主席、时任意大利政府总理的伊万诺·博诺米（Ivanoe Bonomi）[①]颁布了一项法令，依照该法令，意大利将成立一个总部在罗马的单一委员会（Commissione Unica），取代地区间登记委员会和新闻高级委员会，该单一委员会负责管理11个地区和跨区记者登记册并对注册成员进行管理。

---

① 伊万诺·博诺米（Ivanoe Bonomi, 1873—1951），意大利政治家，社会党改良派首脑，1922—1943年为意大利反法西斯民族解放委员会领导，1944年6月至1945年12月出任意大利总理，1949年任参议院议长。

这个单一委员会原本仅应具有临时性，但却一直存在，直到1963年更专业的职业公会诞生。然而，它形成了该行业自我管理的最初的模式，因为其成员虽然由司法部任命，但都是由意大利全国新闻界联合会指定提名的。

虽然该委员会是全国性的，但它主要通过设立在11个地区的区域委员会或代理委员会来进行日常工作，这些区域和代理委员会负责审查记者的登记、注册和申请。通过这种方式，尽管最终决定权属于国家总部，但单一委员会在事实上保证了对每个成员的登记注册进行复审。1959年，司法部部长戈内拉（Gonella）先生经部长会议批准后，向众议院提交了关于新闻职业管理的第1563号法案。由于意大利全国新闻界联合会的反复恳求，特别是1962年索伦托大会上批准的文件，使得众议院委员会工作进度加快，促使其于1962年12月12日一致通过批准了该法案，并得到了众议院所有团体的赞成票，五天后该法案转交给参议院主席团。事实上，该法案在立法会议上由参议院委员会再次审核，最终在1963年1月24日，获得一次性通过批准，这就是第69号法律。

1963年，第69号法律建立了记者职业法规，引入了行业机构组建的相关准则，主要涉及两个方面：一方面是规定了进入和从事新闻活动的专门体系的准则；另一方面规定了记者行业公会的组织结构原则，将主动管理、诉讼等权力归属于协调机构。

关于记者活动的规定主要有：

（1）任何希望获得记者头衔和从事记者职业的人都必须成为该组织的成员。

（2）界定记者身份所固有的权利和义务，以及相应的纪律约束和惩罚规定，如警告、审查、停职和注销记者资格等。

（3）将从事专业工作的记者分为两类：一类是"专业人员"，即专门和持续从事新闻工作的人；另一类是"通讯员"，即从事临时性的有偿新闻活动的人，通讯员可同时从事其他专业或工作，登记册按照该类别划分两份名单。

（4）提供和管理"新闻实习"岗位，进入"专业人员"名单的必要条件是至少进行18个月的新闻从业实践，因此相应地，需建立一个专门的实习人员登记册。

（5）提供专门的职业能力测试。

（6）为外国记者和专业技术或科学期刊、杂志的社长建立专门的名单。

而记者公会的"结构性"规范，即自我管理，是通过两级结构来实现的：第一级，由大区或跨区理事会构成，按地域由公会成员选举产生；第二级，是记者公会的全国理事会，由按区域选举的成员组成，拥有对反对大区理事会决议的上诉的最终决定权。

1963年2月3日的第69号法律中的第45条规定，除非在记者登记册上登记，否则任何人不得使用记者的称号或履行记者的职责。记者公会的成员资格由各大区委员会决定，该委员会拥有为记者注册、并授予注册者特殊的职业身份的权力。该程序具有法律效力，对于记者来说，在记者公会注册后随即产生了相应的权利和义务，记者们将受到专门的规章制度约束。

第69号法律不仅对本国记者制定了明确详细的法律条款，而且对在意大利国内登记的外国记者、除体育和电影外的其他专业性或科学性较强的期刊和杂志的责任社长、欧盟和非欧盟人员在意大利如何获得记者资质、记者登记册需记录的信息及信息使用范围等都制定了专门的法律条款，对职业记者、通讯员、实习记者、自由撰稿人等不同身份的新闻从业人员的注册、变更、注销、权利义务等方面都有详细的规定。

记者公会的主要机构是全国委员会，它由不超过60名成员组成，其中三分之二为专业记者，三分之一为通讯员，由大区和跨区分公会的成员选举产生，每类成员中至少有一名公认的讲非通用语言的少数民族代表。全国委员会从其成员中选出一名代表该机构的专业主席、一名副主席、一名秘书长和一名财务官，副主席将在主席缺席或无法工作的情况下代替主席履行职责。

全国委员会内部还设立了四个咨询委员会，分别是：法律委员会、文化委员会、上诉委员会和行政委员会，这四个咨询委员会的主要任务是为全国委员会起草决议草案，并为其职权范围内的所有工作提供相应的准备。

记者公会下设一个审计委员会和一个执行委员会。审计委员会委员通过选举产生，由两名专业记者和一名通讯员构成；执行委员会由九名成员组成，它的任务是执行全国委员会的决议，协助主席进行日常管理工作。在紧急情况下，执行委员会还有权代替全国委员会批准决议，但在这种情况下，它必须将这些决议提交全国委员会并获得认可。

若有人对大区委员会在登记和选举事务方面的决定有异议，可向全国委员会上诉。若有人对全国委员会的决定有异议，相关方和检察院均可以逐级向三个级别的常规司法机构提出上诉，三个结构分别是：法院、上诉法院、最高法院。

记者公会中还有全国纪律委员会和地区纪律委员会。2011年8月13日，意大利关于金融稳定和发展的紧急措施——第138号法令，后经修订，改为2011年9月14日颁布的第148号法律，其中第3条规定了有关职业的各种干预措施，其中规定行业公会组织的行政职能和纪律职能需要分离。2012年8月7日，第137号总统令（于2012年8月14日生效）确定了职业法规改革的实施条例，推迟公布行业公会的许多事项，其中包括纪律条例，并要求由全国各职业公会委员会发布的纪律条例均须先征求司法部的意见。

意大利的立法机构规定，在第138/2011号法令生效后的一年内，即在2012年8月12日之前，所有相关的行业公会法令均需通过监管立法，并按照一定的程序和原则进行改革。其中关于纪律方面的问题，需在地区一级建立具有除行政职能的机构（记者公会的区域理事会）以外的纪律机构，以及建立除全国委员会以外的全国性的纪律机构。最主要的改革在于地区公会的委员或全国委员的职务与国家和地区纪律委员会成员的职务不可兼容，而公会对成员适用的惩罚措施保持不变，包括警告、谴责、停职和取消资格，公会对注册成员的权利和义务的管理权也保持不变。事实上，关于纪律问题的指导和决策职能不再委托给公会的各级委员会（首先是地区委员会，对于上诉则委托给全国委员会，各级委员会保留各自公会赋予的行政职能），而是交给专门设立的地区和全国纪律委员会。根据这些规定，全国委员会通过了《纪律职能条例》，该条例于2012年12月14日开始实施。

地区纪律委员会由9名成员组成，按照年龄，在登记册上登记的最年长者应担任主席，最年轻者担任秘书。各委员会在每次进行纪律裁决时将组成评审小组，由该地区委员会的3名成员组成，每次由地区纪律委员会主席确定人选名单。该评审小组的主席也由最年长的小组成员担任，而最年轻的小组成员任秘书。每个小组由1名通讯员和2名专业记者组成，其中至少有1名成员必须是女性。

地区纪律委员会的人选名单由记者公会的地区委员会提供，它将确定一份18名候选人的短名单，提交给当地法院院长，从中选出9名以组成地区纪律委员会。候选人提名的要求如下：在记者登记册中的注册年限不少于10年；没有受过任何法律制裁和纪律处分；遵守所有的培训规定和缴费要求；已在地区纪律委员会所在地区的记者登记册上登记。

全国纪律委员会由7名成员组成，其中4名来自全国委员会，3名是外部成员。入选国家纪律委员会的条件与入选地区委员会的条件相同，全国纪律委员会主席和秘书的职位分别授予年龄最大和最年轻的成员。全国纪律委员会的副主席由7名成员选举产生，在主席缺席的情况下代替主席工作。全国纪律委员会与地方纪律委员会不同，它主要处理上诉并做出集体决定。而某人一旦当选为全国纪律委员会成员，就不能再行使全国委员会成员的行政职能。

思考题

1. 意大利与大众传媒业相关的法律制度经历了怎样曲折的发展历程？请概述一下。

2. 为什么意大利大众传媒业相关法律的制定和讨论会如此曲折？它受到哪

些力量的制约？

3.意大利通信保障局是一个什么样的机构？它的主要职责是什么？对意大利的大众传媒业发展起到了什么样的作用？

4.意大利大众传媒业的主要社会团体有哪些？它们各自的职责是什么？它们对行业的发展起到了什么样的作用？

5.记者这一职业最早诞生在意大利，并且其行业规范发展得最为充分。意大利对记者行业的约束和保护体现在哪些方面？发挥了怎样的作用？

第五章　意大利传媒界与中国的交流与合作

● 导 语 ●

中国和意大利是两个同样有着悠久历史文化的国家，两国处于古丝绸之路的两端，也是新"一带一路"的两端，两国人民友好交往的历史源远流长，虽历经几千年的历史变迁，却从未因距离遥远而隔断。中意两国传媒界的交流与合作也一直在两国的友谊中发挥着纽带的作用。随着中国的发展，愈发需要加强对外宣传，中国的媒体也在努力地走向世界舞台，讲好中国故事，向世界展现可信、可爱、可敬的中国形象。为此，中国各媒体积极地与意大利媒体合作，两国传媒界的交流日渐加深。这一章，我们将回顾这段历史，并展望两国交流合作的未来。

中国与意大利的交往历史源远流长，二战后，东西方阵营开始对峙，意大利加入了以美国为首的西方阵营，在复杂的历史背景下，中意两国在1949年至1970年间没有外交关系，但是两国的民间交往和经贸往来一直存在，未曾间断。

1950年，中意两国的贸易额为1000多万美元，朝鲜战争爆发后，两国贸易往来中断，1953年，经贸关系重启。同年，由于意大利国内一些有识之士的努力推动，"促进与中国经济、文化关系研究中心"在意大利成立，其宗旨是"推动中意友好、发展对华贸易和介绍宣传中国的文化艺术"。此后，意大利的文化、艺术、妇女、体育、农业、医学和工商界代表团先后访问中国，中国的艺术、妇女、文化等代表团也先后去意大利演出和访问。1955年9月30日，世界和平理事会副主席、意大利全国和平理事会主席、意大利社会党总书记彼得罗·南尼和夫人访问中国，受到了毛泽东主席和周恩来总理的接见，这成为两国关系正常化的重要一步。在此次访问的影响下，中意两国的经济和文化代表团互访增多、层次提高，交往更加频繁。

图5.1　彼得罗·南尼

　　1964年5月27日，意大利社会党国际部负责人、参议员保罗·维托雷利（Paolo Vittorelli）[①]在意大利政府的授意下访华，商谈两国关系正常化等问题，毛泽东主席、陈毅副总理与其进行了会谈，此次访问为中意两国互设商务机构铺平了道路。1964年11月30日，中意代表在罗马签订了《中国国际贸易促进委员会和意大利对外贸易委员会关于互设商务代表处的协议》，决定双方互派商务代表。1965年1月和2月，意大利驻华商务代表泽曼拉和中国驻意大利商务代表徐明，分别在北京和罗马上任。

[①] 保罗·维托雷利（Paolo Vittorelli）此次访华是经过意大利多次向我国试探，终于获得了我国的回应后而成行的，此行也得到了时任意大利外交部部长萨拉盖特的赞同，旨在与中国讨论承认中国、发展两国贸易等问题。

1969年年初,中意关系迎来了转机,曾访问过中国的彼得罗·南尼出任意大利外交部部长,1月24日,他在众议院首次就意大利的外交政策发表演说,积极推动意大利与中国建交,并通过意大利驻法国临时代办、中意商务代表处负责人等多种渠道开展同新中国的接触。面对意大利要求建交的急切态度,中国也给予了积极的回应,通过法国外交部向意方转告:我方同意与意大利开始建交谈判。两周后,双方谈判代表开始接触。历经多年的曲折,1970年11月6日,中国和意大利正式建交,1985年6月中意两国分别在米兰、上海互设总领事馆。1998年6月,中国在佛罗伦萨设总领事馆,11月意大利在广州设总领事馆;2014年,意大利在重庆设总领事馆。

1981年11月6日,中央广播事业局和意大利广播电视公司签署合作协定,以加强两国在广播电视领域的合作,增进人员互访,探索联合制作电视节目的可能性。这为两国传媒领域的交往指明了方向,定下了基调。至今,我国派驻意大利的主要媒体有新华通讯社、《人民日报》、人民网、《光明日报》、中央广播电视总台。

第一节　中国驻意主要媒体机构

一、新华通讯社

在中意关系正常化的过程中,中国驻外传媒机构也发挥了重要的作用,其中最为重要的传媒机构就是新华通讯社,简称新华社。

新华社的前身是1931年11月7日在江西瑞金成立的红色中华通讯社,1937年1月在陕西延安改为新华通讯社。新中国成立后,新华社总部设在北京,逐步建立了覆盖全球的新闻信息采集网络,形成了多语种、多媒体、多渠

图5.2 新华通讯社标志

道、多层次、多功能的新闻发布体系，集通讯社供稿业务、报刊业务、电视业务、经济信息业务、互联网和新媒体业务等为一体，每天24小时不间断用中文、英文、法文、俄文、西班牙文、阿拉伯文、葡萄牙文和日文8种文字，向世界各类用户提供文字、图片、图表、音频、视频等各种新闻和信息产品。

1955年中央政治局会议上，毛泽东主席针对新华社提出"应该大发展，尽快做到在世界各地都能派有自己的记者，发出自己的消息，把地球管起来，让全世界都能听到我们的声音"，这是毛主席对新华社的海外阵地建设寄予的深切期望。以此为指引，新华社努力发展壮大，积极地把自己建设成为有中国特色的、现代化的、国际一流的世界性通讯社。新华社非常重视对外交流合作，与联合国所属的18家机构建立高层往来关系，与其中9家签订战略合作备忘录，成为全球第一家与联合国所属机构建立系列化、机制化、常态化合作关系的世界主流媒体机构。它还是许多国际新闻组织的成员，与世界100多个国家和地区的通讯社或新闻机构签署了新闻交换、人员交流和技术合作等方面的合作协议。新华社在境外设有181个驻外分社，其中，在意大利设有罗马和米兰两家分社。

2019年3月22日，新华社社长蔡名照和意大利安莎社首席执行官斯特法诺·德·亚历山德里（Stefano de Alessandri）签署协议，合作创办新华社意大利专线。根据这份协议，安莎社将把新华社的国内及国际新闻翻译成意大利语，向安莎社用户发布。意大利专线的推出使意大利人能通过新华社新闻这个权威渠道了解中国，将进一步增进中意两国人民相互的了解和友谊。新华社意大利专线的开通，标志着新华社向全球播发新闻稿件的语言除中文、英文、法文、俄文、西班牙文、阿拉伯文、葡萄牙文、日文8种外，增加了第9种——意大利文。此外，这条专线也是两家通讯社合作历史中的里程碑。

二、《人民日报》

《人民日报》于1948年6月15日在河北省平山县里庄创刊，为中共中央华北局机关报，同时担负党中央机关报职能。1949年3月15日，《人民日报》机关随党中央迁入北京。1949年8月1日，党中央决定将《人民日报》确立为党中央机关报。

图5.3　人民日报社标志

《人民日报》在发展过程中，始终坚持党的领导，履行作为一个权威媒体的重要职责。它宣传党的理论和路线方针、弘扬社会正气、传达社情民意、引导社会热点、疏导公众情绪、进行舆论监督，及时传播国内外各领域的信息，报道世界上发生的重大事件并发表评论等。《人民日报》注重发挥评论、理论、深度报道的优势，着力做好舆论引导和舆论监督的工作，有效开展国际舆论引导和舆论斗争。报社持续推进媒体深度融合发展，成为拥有报、刊、网、端、微、屏等10多种载体的新型主流媒体。多年来，人民日报社着力加强国际传播能力建设，注重讲好中国故事、传播好中国声音，向世界展示真实、立体、全面的中国，努力塑造可信、可爱、可敬的中国形象。报社与80多个国家的主流媒体建立了内容合作关系，由此，《人民日报》的内容借助外媒在全球落地。其海外社交媒体账号粉丝量、活跃度居全球报纸类媒体之首。

自2008年以来，《人民日报》品牌影响力不断增强，在世界品牌500强排行榜中的排名连续13年稳步攀升。人民日报社有23个内设机构、1个所属事业单位（新媒体中心）、72个派出机构（在各省、自治区、直辖市共设立31个分社，在香港特别行政区、澳门特别行政区分别设立分社；在国外设立39个分社）。中意建交后，人民日报社就开始向意大利派驻记者，1985年，人民日报社意大利分社成立，历任记者均在意大利的外国记者协会注册。如今，人民日报社有4名驻意大利记者。其中《人民日报》高级记者罗晋标先生从1984年起曾两次任《人民日报》驻意大利首席记者，在意工作生活了16年，多次荣获意大利外国记者新闻奖，并于2002年7月荣获意大利总统颁发的"意大利共和国功勋爵士"荣誉勋章。罗先生著有《意大利散记》一书，该书从一个观察家的敏锐视角，聚焦意大利正在发生的深刻变革，讲述了意大利的政治和社会生活的方方面面。

1985年7月1日，《人民日报》（海外版）正式发行，这是中国对外发行的最具权威性的综合性中文日报，主要面向海外华侨华人、港澳台同胞和在各国、各地区的留学生，学习中文的外国人等受众群体，至今已在80多个国家和地区发行。2011年11月，《人民日报》（海外版）官方网站——海外网上线试运行，使《人民日报》（海外版）的国际传播影响力显著提升。此外，《人民日报》（海外版）积极开拓海外合作，大力拓展海外发行。2015年，人民日报社与来自23个国家的33家国外主流媒体在京签署双边合作谅解备忘录，建立新闻产品互换机制，承诺就"一带一路"等采访进行合作；人民日报社积极开展对外交流合作，于2019年、2022年成功组织两届"一带一路"新闻合作联盟理事会议，截至2022年6月，有99个国家的213家媒体加入"一带一路"新闻合作联盟。

2007年9月20日，《人民日报》（海外版）"意大利专版"正式创刊，每周一、周四出版，该报由《人民日报》（海外版）与《欧联时报》合办，《欧联时报》是意大利发行量最大、最具影响力的华文报纸之一。发行"意大利专版"是继《人民日报》（海外版）创办"英国专版"和"日本周刊"之后走向海外的又一重要举措。历经一年的运营后，2008年7月3日起，"意大利专版"由原来的每周4版扩至8版，其中彩印4版，这是继《人民日报》（海外版）"英国专版"扩版后，又一家与《人民日报》合作的海外华文媒体在双方互利双赢的共识下扩大版面。在报道中国经济建设、民主政治建设等方面，为读者提供了及时权威的报道。《人民日报》（海外版）还将与更多海外华文报纸合作，联合办报，加快走向海外的步伐。

1997年1月1日，人民日报社创办了人民网，是国家重点新闻网站，是网上的《人民日报》，在国内外具有重要影响，已成为人民日报社新闻宣传的重要品牌和重要窗口。人民网是国际互联网上最大的综合性网络媒体之一。

2012年9月12日，意大利在罗马举办了一场特殊的展览，名为《世界眼中的意大利》，以纪念意大利外国记者协会成立100周年。意大利外国记者协会成立于1912年，当时只有14名外国驻意大利记者。后来的一个世纪里，先后在协会注册的外国记者共有5100多名。人民日报意大利分社的历任记者均在意大利外国记者协会注册。该展览在记录2012年6月底欧盟首脑会议后的世界各国报刊头版栏目里，展出了《人民日报》2012年6月30日的头版图片，在时政栏目里展出了《人民日报》2011年6月2日的头版图片，上有习近平会见意大利总统纳波利塔诺的报道，这是人民日报版面图片首次在意大利展览上与观众见面。

2021年9月1日，人民网意大利语版正式上线，自此，人民网成为拥有英、日、法、西、俄、阿、韩、德、葡、斯瓦希里、意、哈萨克（基里尔）12个外文版本的网络媒体。人民网还坚持不断创新，用多种报道形式，多语种、全平台联动呈现，制作丰富多样的节目向海外传播，如《中国24小时》，被译成多个语种在海外播放，全球累计播放量超24亿次。

三、《光明日报》

《光明日报》于1949年6月16日创刊于北平，是中共中央领导和主办的新闻机构，是一份以知识分子为主要读者对象的思想文化大报。它是党中央指导意识形态工作的重要阵地，是党和国家联系广大知识分子的桥梁和纽带。

1978年5月11日,《光明日报》发表特约评论员文章《实践是检验真理的唯一标准》,对中国社会发展产生深远影响,成为中国进入新时期的标志性事件。进入新时代,光明日报社以习近平新时代中国特色社会主义思想为指引,提出"抓党建重业务""同频共振"等办报新理念,使思想文化大报的定位和特色进一步彰显。至今,光明日报社在全国设有37个记者站,在世界23个国家和地区派有常驻记者,读者遍及社会各界和120多个国家和地区,报纸发行量达100多万份。

1978年7月,经中央批准,光明日报社重新在各地建立记者站,一年之内,在29个省、市、自治区建立了记者站。1980年4月开始建立外国记者站,同年,开始向意大利派驻第一位记者——万子美①先生。在10年的驻外记者生涯中,万子美先生先后发表了上千篇有关意大利的报道和文章,后来他将这些报道结集成《透视意大利》一书出版,两年之内两次再版,引起了意大利政府的关注。意大利总统弗朗切斯科·科西加(Francesco Cossiga)②在总统府举行了隆重的赠书仪式。

1993年,意大利时任总统奥斯卡·路易吉·斯卡尔法罗(Oscar Luigi Scalfaro)③授予万子美先生国家最高荣誉——"意大利之星"骑士勋章④。

---

① 万子美(1943.1.5—2016.8.2),湖北武汉人,资深驻外记者、翻译家、学者和诗人。自1979年起,任光明日报社驻意大利首任首席记者,1991年离职,开始在意大利从事国际贸易。在欧洲华侨华人社团联合总会、意大利罗马华侨华人联合总会、意大利华商总会等多个组织内担任社会职务,虽然身在国外,但一直心系祖国,多次组织海外华人华侨为国内捐资,是欧洲著名的侨领和社会活动家。
② 弗朗切斯科·科西加(Francesco Cossiga,1928.7.26—2010.8.17),撒丁岛人,意大利政治家,天主教民主党领袖,曾任意大利内政部部长、参议院议长、总理等职,1985年7月3日至1992年4月28日任意大利共和国总统。
③ 奥斯卡·路易吉·斯卡尔法罗(Oscar Luigi Scalfaro,1918.9.9—2012.1.29),意大利政治家、法官,天主教民主党人。曾任意大利众议院议长、教育部部长,1992年5月28日至1999年5月15日任意大利共和国总统,1998年曾访问中国。
④ 意大利共和国荣誉勋章"意大利之星"勋章共分为五级,从高到低分别为大十字骑士勋章(Cavaliere di Gran Croce),高级将领勋章(Grande Ufficiale),加勋骑士勋章(Commendatore),将领勋章(Ufficiale),骑士勋章(Cavaliere)。每年由意大利总统颁发给为推动意大利和其他国家的友好关系作出杰出贡献的外国人士和海外意大利人,是授予为意大利作出贡献的国际人士的最高荣誉之一。

2002年，意大利卡尔洛·阿泽利奥·钱皮（Carlo Azeglio Ciampi）[①]总统将"意大利之星"加勋骑士勋章授予万子美先生，万子美先生第二次被授予"意大利之星"勋章，成为自1861年意大利王国建立后唯一一位两次获得意大利共和国最高殊荣的意大利外侨。2012年5月，《意大利，意大利——万子美文集》出版，共三卷，150万字。第一卷收录了他在任《光明日报》驻意大利记者期间撰写的研究、介绍意大利文化和社会生活的文章，有学术译文5篇、报刊文章147篇，反映了在20世纪八九十年代一个驻外记者对南欧古老文明之邦当时的政治、经济、文化、教育、科学、技术、军事、艺术、社会思潮、民俗风情等领域的现状的观察、认识和思考；第二卷收录了他翻译的意大利的一些中短篇文学作品，如邓南遮的中篇小说集《佩斯卡拉的故事》，哥尔多尼的喜剧《女店主》《老顽固》，德西的短篇小说《天使岛》；第三卷是万子美先生主译的长篇文学名著，艾尔莎·莫兰黛（Elsa Morante）[②]的长篇小说《历史》。此后，光明日报社派驻意大利的记者一般为两人。

1980年9月，光明日报社邀请意大利《新闻报》记者访华，受到李先念同志的接见。

1984年12月5日，《光明日报》驻罗马记者穆方顺荣获"意大利之星"骑士勋章，以此表彰他"通过客观深入的新闻报道，为增进中国对意大利的了解和加深两国人民之间的友谊作出的突出贡献"，他也成为获得这一勋章的第一位中国人，也是第一个亚洲人。

---

① 卡尔洛·阿泽利奥·钱皮（Carlo Azeglio Ciampi，1920.12.9—2016.9.16），意大利政治家、经济学家，无党派人士。曾任意大利央行行长、意大利总理、国库部部长，1999年5月13日当选意大利共和国总统。他支持欧洲一体化，在任央行行长期间，曾两次访华，就任总统后，于2004年12月再次访问中国。
② 艾尔莎·莫兰黛（Elsa Morante，1912—1985），意大利著名女作家，曾在1957年随丈夫莫拉维亚访问中国，主要作品有长篇小说《谎言与占卜》《亚瑟岛》《历史》等。

图5.4　1980年李先念与《光明日报》和意大利《新闻报》记者合影[①]

图5.5　穆方顺先生授勋[②]

[①] 图片来自光明日报网上报史馆，https://www.gmw.cn/history/2007-12/24/content_715070.htm。
[②] 图片来自光明日报网上报史馆，https://www.gmw.cn/history/2009-06/02/content_933741.htm。

图5.6　1988年6月,意大利时任总统科西加会见《光明日报》总编辑姚锡华[①]

图5.7　1993年7月21日,意大利文化遗产部部长隆凯伊接受《光明日报》国际部记者郑德鑫及《光明日报》驻罗马记者穆方顺的采访[②]

　　1996年5月29日,第18届意大利"罗马之泉"国际奖评审委员会授予《光明日报》总编辑王晨"罗马之泉"国际文化交流奖,以表彰他和《光明日报》

---

① 图片来自光明日报网上报史馆,https://www.gmw.cn/history/2007-12/24/content_933754.htm。
② 图片来自光明日报网上报史馆,https://www.gmw.cn/history/2009-06/02/content_933745.htm。

为弘扬传统文化、传播现代文明、促进国际文化交流所做的努力[1]。

2010年10月,《光明日报》副总编辑何东平率领由中国记者协会组织的中国新闻代表团,应意大利记者公会的邀请访问意大利。代表团一行访问了意大利众议院,参观了议会新闻办公场所,并走访意大利多个城市,深入考察当地的文化发展、新媒体发展情况。

总之,在改革开放后,光明日报社与意大利的新闻传媒业、政界一直保持着友好、频繁的交流。

四、中国国际广播电台

中国国际广播电台(China Radio International, CRI)隶属于中央广播电视总台,是面向全球广播的新闻国际传播机构。创办于1941年12月3日,其前身为延安新华广播电台,1950年4月,中央人民广播电台成立国际广播编辑部,1978年5月1日,中国人民对外广播机构改名为"中华人民共和国国际广播电台",之后更名中国国际广播电台。至今,中国国际广播电台(后文简称国际台)使用65种语言全向世界广播,其中有43种外语,是全球使用语种最多的国际传播机构,致力于建设现代传媒集团和打造全媒体传播能力,其宗旨是"向世界介绍中国,向中国介绍世界,向世界报道世界,增进中国人民与世界人民之间的了解和友谊"。

图5.8　中国国际广播电台标志

该台在建立之初广播的第一种外语是日语,1947年9月,开办英语广播。1960年4月30日,该台意大利语广播开播。1998年12月,中国国际广播电台互

---

[1] 新华网.人民日报社主帅易人 社长王晨将出任国新办主任[EB/OL].(2008-04-01)[2022-12-11]. https://www.chinanews.com/gn/news/2008/04-01/1208557.shtml.

联网站开始对外发布。2000年,中国国际广播电台主办的"国际在线"(www.cri.cn)网站被列入国家重点新闻网站,该网站把国际台的65种语言的广播节目全部上网,听众可以在网上收听一周之内的广播节目,实现了在线收听和点播收听。

多年来,国际台意大利语部在对意传播和交流中不拘泥于传统媒体,不断创新,开拓进取,注重采用新技术、发展新媒体,全力打造融合线上线下的本土化全媒体平台,主推"中意"新媒体产品和活动,大大提升了对外传播能力,为中意媒体合作和交流作出了突出贡献,其主要的传播平台如表5.1。

表5.1 CRI对意传播主要平台(截至2018年7月)[①]

平台名称	"中意"客户端	《中意》杂志	Radio we	Facebook账号	国际在线意大利文网	国际台意大利教育中心广播孔子课堂
开通时间	2016年9月	2011年12月	2011年2月	2015年12月	2002年	2010年12月
下载量/粉丝/覆盖面等	17万次	1万册/期	覆盖15座城市,1400万人口	30万	50万	覆盖全意大学和中学
语言	中意双语	中意双语	意大利语	意大利语	意大利语	意大利语
合作方	两国政府、使馆、中意文化合作机构、中意企业家委员会等	两国政府、使馆、意大利教育中心、意中基金会等	米兰节目制作室	自主	意大利通讯社	意大利教育中心、两国使馆、意大利教育部
影响力	中意两国政府合作的官方、双语移动交流平台	唯一进入意大利政府的中意双语官方刊物	覆盖罗马、米兰、佛罗伦萨、都灵等15座主要城市			办公室位于意大利外交部内
本土化程度	本土发布	本土设计、印刷、发行	本土制播	本土发布	本土发布	本土机构

[①] 金京. 意大利媒体环境及CRI对意传播分析[J]. 国际传播,2018,12(4):65-72.

续表

平台名称	"中意"客户端	《中意》杂志	Radio we	Facebook账号	国际在线意大利文网	国际台意大利教育中心广播孔子课堂
重大节点	2016年9月19日,"中意"App在意大利外交部正式发布,成为第一个在意大利外交部发布的中国新媒体产品;2017年7月14日,"中意平台推介会"在意大利驻华使馆举行	2012年7月,《中意》杂志意大利首发式在意大利参议院举行,时任参议长出席;同年,中国首发式在意大利驻华使馆举行	2011年,米兰调频台、罗马调频台开播;2018年,"华夏之声"中文调频台开播		2007年,与意大利记者通讯社签订合作协议并延续至今	2011年,意大利时任总统乔治·纳波利塔诺①出席课堂揭牌仪式;2012年,课堂正式迁入意大利外交部大楼内办公

语言是文化的载体,是文化交流的桥梁。2010年12月,国际台意大利教育中心广播孔子课堂的创办,使得中意文化的交流更直接、更亲近,影响并吸引学习中文和喜爱中国文化的意大利受众。

2011年11月29日,国际台在海外建立的第70家整频率电台——意大利罗马FM100.5调频台正式开播。2012年7月,国际台意大利语部与意大利教育中心联合创办的双语杂志《中意》意大利首发式在意参议院举行。该杂志是中意双语双月刊,是国际台意大利语部对意传播平台的延伸和扩展,于2012年4月推出创刊号,主要内容是介绍中意在政治、文化、经贸等领域内的高层次交流,传播中意两国的文化、历史和习俗,推介国际台节目,介绍国际台意大利教育中心广播孔子课堂和意大利10所孔子学院的相关信息以及中意两国留学信息等,致力于加深意大利人民对真实中国的了解,为意大利民众走进中国搭建新的平台,促进国际台与意大利民众间的互动。

---

① 乔治·纳波利塔诺(Giorgio Napolitano),意大利政治家,1925年6月29日生于那不勒斯,1945年加入意大利共产党,曾任意大利众议院议长、内政部部长,2006年当选意大利总统,2013年成功连任,成为意大利史上首位连任总统。

图5.9 《中意》杂志

2012年12月26日,"意大利语移动国际在线"正式启动,广泛适用于苹果、安卓等智能手机系统或其他手持智能终端。2015年9月23日,意大利新闻代表团访问中国国际广播电台,双方就进一步加强和深化媒体合作达成了广泛共识。2015年2月,中国国际广播电台意大利语部获意大利驻重庆总领馆颁发的"金椒奖",该奖旨在表彰在推进意大利与中国西南地区友好关系进程中作出杰出贡献的媒体与企业。

2016年9月5日,意大利国家广播电视台首次联手中国国际广播电台,合作推出"意中新丝绸之路——中国日"广播特别节目,意大利广播电视公司在旗下四个主要电台集中播出与中国有关的专题节目,内容涉及时政、科技、文化、旅游、体育和音乐等,对中国的城市建设、饮食文化、体育事业、科技发展、流行音乐、民乐演奏等方面做了全方位的介绍。

2016年9月19日,"中意"客户端正式发布,该客户端由中国国际广播电台与中、意两国大使馆合作出品,这是中意两国之间第一款官方、权威、双语移动客户端,集资讯和服务功能于一身,"中意"品牌系列平台落地本土,成为搭建中意两国交流与合作的官方发布的新媒体平台。同时依托"中意"品牌,举办"中意广播日""中意媒体行""中意美食节"等媒体文化活动,通过图文、音视频等多种形式传播中国文化,贴近意大利民众的生活,加强媒体互动,增加用户黏性,扩大在意大利的影响,真正做到"内容、渠道、用户、效果的全面融合"①。

图5.10　中意客户端形象标识

2010年5月,国家广播电影电视总局②副局长张海涛率中国广播电视代表团访问意大利,会见了意大利经济发展部副部长、意大利电信监管委员会主席和意大利广播电视公司总裁,访问了意大利商业电视公司梅地亚塞特集团。

2016年5月19日,国家新闻出版广电总局③局长蔡赴朝对意大利进行正式访问,与意大利经济发展部副部长贾克梅利举行会谈,双方签署了《中华人民共和国国家新闻出版广电总局与意大利共和国经济发展部广播影视合作谅解备忘录》,并正式宣布启动中国国际广播电台多项"中意"媒体合作项目,如"中意"客户端、中意美食节、CRI-RAI中意媒体会议——数字丝绸之路2.0等。根据该备忘录,中意两国在签署备忘录之后的三年中加强电影、广播、电视领域的平等互利合作,特别要加强各类节目的联合制作,主题涉及日常生活、艺术文化及传统习俗等,鼓励各类影视作品的进出口,为其发行创造便利。

2019年3月21日,在国家主席习近平访问意大利之际,由中央广播电视总

---

① 金京. 意大利媒体环境及CRI对意传播分析[J]. 国际传播, 2018, 12(4): 65-72.
② 现为国家广播电视总局。
③ 现为国家广播电视总局。

台联手意大利三家主要传媒集团举办的"中国电视周"拉开了序幕,20多部中国电视专题片、纪录片和电视剧在意大利广播电视公司、意大利最大的商业媒体集团梅地亚塞特集团、意大利克拉斯传媒集团①、新媒体平台陆续播出上线,其

图5.11　中国电视周②

中包括《平"语"近人——习近平喜欢的典故》《如果国宝会说话》和《创新中国》等。这些节目的播出,让意大利民众领略中国的过去、今天和未来,增进了两国人民的友谊和情感交流,搭建了中意两国文化沟通的桥梁。

2019年6月26日,中央广播电视总台台长慎海雄在北京与意大利克拉斯传媒集团首席执行官保罗·帕内拉(Paolo Panerai)举行工作会晤,并正式签署合作谅解备忘录,深化媒体合作,进一步探索在合办电视栏目、联合制作节目、5G技术合作、共同开

图5.12　慎海雄接受TGCOM24专访③

---

① 意大利克拉斯传媒集团(Class Editori),是一家多媒体出版公司,总部位于米兰,拥有报纸、杂志、网站、通讯社、广播、电视和出版业务,覆盖意大利的时尚、金融、食品饮料、家居等领域,拥有多个专业主题电视频道。该集团旗下Class CNBC是克拉斯集团和美国环球集团(NBC Universal)的合作频道,是意大利第一个专注于商业和金融领域的电视频道,2000年CFN/CNBC开播,2005年改版为Class CNBC。该频道成立20年来,在五大洲148个国家以9种语言播放,拥有3.85亿观众,有良好的口碑和重要影响力。此外,克拉斯传媒集团还广泛开展国际合作,尤其是与美国和中国的合作,如美国的道琼斯集团、中国的新华社、中央广播电视总台等,实时播报美国财经新闻,为有意抓住"一带一路"合作机遇的企业提供信息和服务。1998年克拉斯传媒集团在意大利上市。
② 图片来源:国际在线。
③ 图片来源:央视新闻官方账号。

展"中意媒体行"联合采访报道等方面的深度合作。意大利时间2019年12月16日,意大利的TGCOM24电视台在黄金时段播放了对中央广播电视总台台长慎海雄的专访,慎海雄就媒体变革、中国经济、中美贸易以及香港问题等回答了意大利知名主持人卢卡·里戈尼（Luca Rigoni）的提问。

在中意建交五十周年之际,中央广播电视总台与意大利克拉斯传媒集团合作拍摄纪录片《互信半世纪 越来越"中意"——献给中意建交五十周年》,该片共两集,从亲历者的视角讲述中意两国建交以来的交流互鉴的故事,如文物修复、艺术交流、媒体合作、经贸往来、民间交往,以及新冠疫情和汶川地震中两国人民的守望相助等故事,于北京时间2020年12月26日、27日在中央广播电视总台央视中文国际频道（CCTV4）首播,中意平台客户端、央视频"中意"账号、中意Facebook账号、YouTube等平台同步直播;该节目的意大利文版在意大利ClassCNBC电视台、意大利Milano Finanza网同步播出;央视总台CGTN英、俄、法、西频道陆续播出。

意大利当地时间2019年11月20日晚,中央广播电视总台制作的大型文博探索节目《国家宝藏》亮相罗马,并举办以"共同守护伟大的文化遗产"为主题的意大利展映会,这是该节目面向全球宣传推广的第六站。《国家宝藏》是2017年由中央广播电视总

图5.13 2020年中意建交50周年纪录片海报

图5.14　2020年中意建交50周年纪录片海报

台推出,讲述中国顶级国宝重器的前世传奇和今生故事的节目,其意大利语版在2020年6月13日在意大利克拉斯集团旗下的Class CNBC频道首播,每周一集,每集45分钟,连续播放10周。该节目意大利语版的制作在内容、语言、时长安排上充分考虑到意大利观众的收视习惯,保留中文原声,使用意大利语字幕,最大限度地保持节目的中华文化特色,为意大利民众打开一扇了解中国文化的窗户,用新颖的讲述方式激发民众保护文化遗产的意识,促进中意两国文化交流互鉴。

2021年10月12日晚9点,中央广播电视总台与意大利克拉斯传媒集团联合打造的大型评论访谈类电视节目《远航》(*Cargo*)在意大利ClassCNBC电视频道正式开播,中央广播电视总台台长慎海雄与意大利克拉斯传媒集团首席执行官保罗·帕内拉互致贺信。该电视节目由总台欧洲总站与克拉斯传媒集团共同策划,本土化专业团队精心制作,总台国际视频通讯社协助,联合欧美及中国智库团队,以客观、真实的视角聚焦全球和中国经济社会发展,向观众提供专业报道和权威资讯。此次中意两国合作拍摄,是两国媒体深度合作的一次实践,也是共同践行公正、客观传播理念的又一次积极尝试。

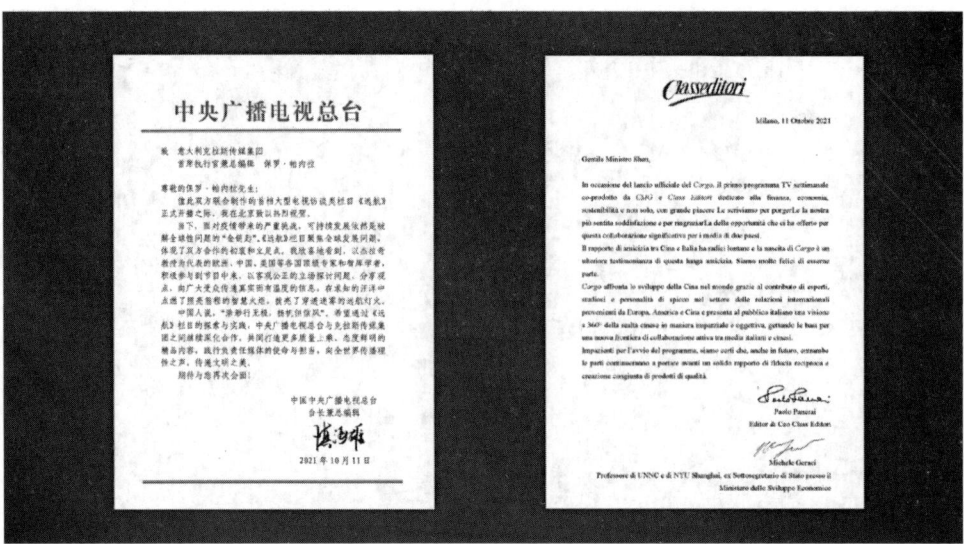

图5.15　祝贺《远航》开播的贺信

图5.16　《远航》在意大利ClassCNBC电视频道正式播出

第二节　意大利驻中国的主要媒体机构

中意两国传媒界的交流要远远早于两国正式建交的时间。早在1949

年新中国成立之前,意大利共产党中央和意共总书记帕尔米罗·陶里亚蒂(Palmiro Togliatti)①的特使,意共领导人、意大利参议员维里奥·斯巴诺(Velio Spano,1905—1964)就应邀访问了中国。他曾负责意共机关报《团结报》的编辑工作。

1949年9月10日,斯巴诺代表意共中央和陶里亚蒂抵达北京,成为第一个访问新中国的意大利人。1949年9月15日的《人民日报》报道称:"意大利国会参议员、意大利共产党中央委员和政治局委员、意大利共产党机关报《团结报》特派记者维里奥·斯巴诺于十日抵达北平。"

斯巴诺在中国逗留数月,考察了新中国各方面的情况,并向意大利人民报道。斯巴诺在1946年被选为意大利制宪会议成员,并在第一届共和政府中任政府委员和农业部次长。1948年任参议员。他先后与毛泽东、周恩来、刘少奇、邓小平、林彪等人会面,应邀出席了开国大典,并著有《在毛泽东的中国》(*Nella Cina di Mao Ze-tun*)一书,热情地歌颂中国革命的伟大胜利。

1968年,意大利最大的通讯社安莎社在北京建立分社,其余主要媒体也相继向中国派驻记者。近年来,意大利的媒体对中国经济发展取得的巨大成就给予了高度关注,其涉华新闻报道数量在近十年有显著的增长,并且对中国经济方面的新闻报道大多是积极正面的。媒体的宣传使得意大利社会各界表现出与中国进行合作的强烈愿望。

在中意正式建交后,1972年,中国曾邀请意大利著名导演米开朗基

---

① 帕尔米罗·陶里亚蒂(Palmiro Togliatti,1893—1964),意大利共产党创始人之一,政治家,曾任意大利立宪会议成员、众议员,意大利副总理等职务。在他的领导下,意大利共产党是西欧资本主义国家中最强大的共产党。二战期间,他领导意大利人民进行反法西斯斗争,二战后,他为反对帝国主义、争取世界和平和人类进步进行了不懈的努力。他主张和平解决国际争端,反对美国霸权,他在意大利人心目中享有很高的威望。

罗·安东尼奥尼（Michelangelo Antonioni）[①]来华拍摄纪录片《中国》，但由于种种原因，这部纪录片在完成后的三十多年里并未能在中国播放。直到2004年，在北京电影学院举办的一个纪念米开朗基罗·安东尼奥尼在电影界的贡献的影展中，《中国》才得以播出。这是该纪录片首次在国内放映，成为记录20世纪70年代的中国社会现实的珍贵影像资料。

表5.2　意大利主要媒体机构涉华报道情况[②]

媒体名称	媒体类型	移动端、网站	涉华报道语言	驻华记者	关注领域	涉华消息来源	中国社交平台
意大利广播电视公司	公共广播电视	RaiPlay, RaiPlay Radio, www.Rai.it	意大利语	有	政治、经济、文化、社会	驻华记者、总部	无
梅地亚塞特集团	广播电视	TGCOM24, TG5 www.tgcom24.mediaset.it	意大利语	无	社会、体育	通讯社或其他媒体	无
安莎社	通讯社	ANSA Mobile www.ansa.it	意大利语	有	政治、经济、文化、社会	驻华记者	无
意大利通讯社	通讯社	Agi browser www.agi.it	意大利语	通讯员	政治、经济、文化、社会	专职记者、总部	新浪微博
《晚邮报》	纸媒	Corriere della Sera www.corriere.it	意大利语	有	政治、经济、文化、社会	驻华记者、总部	无
《共和国报》	纸媒	La Repubblica www.repubblica.it	意大利语	有	政治、经济、文化、社会	驻华记者、总部	无
《意大利日报》	纸媒	www.ilgiornale.it	意大利语	无	政治、经济、社会	总部	无
《24小时太阳报》	纸媒	www.ilsole24ore.it	意大利语	无	政治、经济	总部	微信公众号

---

① 米开朗基罗·安东尼奥尼（Michelangelo Antonioni，1912.9.29—2007.7.30），生于意大利中北部的古城费拉拉，意大利著名导演、编剧。一生拍过多部电影和纪录片，代表作有《红色沙漠》《女朋友》《蚀》《奇遇》《云上的日子》等，曾获柏林国际电影节金熊奖、戛纳国际电影节金棕榈奖、威尼斯国际电影节金狮奖和终身成就奖，1995年获第67届奥斯卡终身成就奖。他的影片善于表现现代化社会题材，叙事风格独特、画面寓意深远，对世界电影界有广泛而深远的影响。
② 金京.意大利媒体环境及CRI对意传播分析[J].国际传播，2018，12(4)：65-72.

第三节　关于中意两国传媒界交流合作的思考

在新中国成立后,中意两国的传媒界一直尝试着进行交流与合作,不论国际政治的气候如何,两国的传媒界一直保持着谨慎的、试探性的交往,呈现出如下一些特点。

第一,中意两国传媒界的交流与合作受到国际环境和两国的政治关系的影响,但同时具备一定的粘性和韧性。两国的传媒界交流远远早于两国正式建立外交关系,民间来往一直没有间断,充分体现出两国人民希望增进彼此了解的愿望,这为两国正式建交后进一步交流合作打下了基础,成为加深合作的桥梁和纽带。

第二,中意两国传媒界的交流以文化为基点,文化是民心相通的重要渠道和平台,是中意人民相互沟通、理解的纽带。两国媒体交流的落脚点主要在传统文化、饮食、旅游等方面,这些都符合意大利民众的兴趣点,容易引起共鸣,意大利民众的接受度较高。

第三,中意两国传媒界的合作在逐步加深,发展态势向好。两国交流从最初的人员互访,到派驻长期记者、建立记者站,再到本地化制作节目,最后到联合拍摄制作节目并在各电视频道、网络平台、移动终端播放,形成了全方位、立体化、多平台的深度合作,两国进一步发展媒体交流与合作的态势向好。

然而,在这个过程中我们也不得不看到,由于政治体制、媒体的运作机制、思想理念、双方的诉求和目标存在着巨大的差异,两国的传媒界在交往中确实会遇到极大的阻力和困难。实际上中国节目在意大利的播出对意大利普通民众产生的影响还是非常有限的,这些是不能回避、亦无须回避的现实。正视现实,直面问题,克服困难,两国的传媒界才能在未来的交流合作中走得更稳健和扎实。

思考题

1. 选择一个在意大利播出的中国节目,做一份收视率和影响力的调研报告。
2. 中国在对外宣传以及在世界舞台上发出中国声音的过程中,会遇到哪些困难?该如何解决?你有什么建议吗?
3. 为推动中意传媒界交流与合作的发展思考一个可行的方案。
4. 意大利更关注中国的哪类新闻?如何能找到中意合作的兴趣点和突破口?

参考文献

一、外文文献

Autorità per le Garanzie nelle Comunicazioni. Rapporto sul consumo di informazione[R]. Roma: AGCOM, 2021.

CORNIA A. Reuters institute digital news report 2018: Italy[R]. Reuters Institute for the Study of Journalism, 2018.

SANGUANINI B. Informazione &multimedia[C]. Milano: Franco Angeli, 2000.

VACCARI C. The news media as networked political actors[J]. Information, communication & society, 2011, 14(7).

Centro Studi Investimenti Sociali. Il valore della connettività nell'Italia del dopo COVID-19[R]. Roma: CENSIS, 2021.

Centro Studi Investimenti Sociali. L'Italia multiscreen: dalla smart-tv allo schermo in tasca, così il paese corre verso il digitale[R]. Roma: CENSIS, 2021.

Centro Studi Investimenti Sociali. I media e la costruzione dell'identità[R]. Roma: CENSIS, 2020.

Centro Studi Investimenti Sociali. I media digitali e la fine dello star system[R]. Roma: CENSIS, 2018.

Centro Studi Investimenti Sociali. La transizione verso la radiovisione[R]. Roma:

CENSIS, 2021.

Centro Studi Investimenti Sociali. I media dopo la pandemia [R]. Roma: CENSIS, 2021.

Centro Studi Investimenti Sociali. Convivenze, relazioni e stili di vita delle famiglie italiane [R]. Roma: CENSIS, 2018.

Centro Studi Investimenti Sociali. La digital life degli italiani [R]. Roma: CENSIS, 2021.

Confindustria Radio Televisioni, Auditel. Impatto COVID-19 sugli ascolti TV in Italia anno 2020 [R]. Roma: CRTV, 2021.

HALLIN D C, MANCINI P. Modelli di giornalismo [M]. Roma: Editori Laterza, 2010.

EVANGELISTI F. The rhetorical construction of popular front France in the fascist Italian press during the "Paris, 1937" international exhibition [J]. Media history, 2015, 21(4).

BALBI G, NATALE S. The double birth of wireless: Italian radio amateurs and the interpretative flexibility of new media [J]. Journal of radio & audio media, 2015, 22(1).

BASTIANSEN H G. Media history and the study of media systems [J]. Media history, 2008, 14(1).

KORTTI J. Media history and the mediatization of everyday Life [J]. Media history, 2017, 23(1).

KUEHL J. Documentary media: history, theory, practice [J]. Historical journal of film, radio and television, 2020, 40(1).

KELLY M, MAZZOLENI G, MCQUAIL D, et al. The media in Europe: The euromedia handbook [M]. London: Sage Publication, 2003.

BARDUCCI M. Oliver Cromwell, European historical myth? The case of the Italian States in seventeenth-century representations of Cromwell [J]. The seventeenth century, 2008, 23(1).

MURIALDI P. La stampa italiana dalla liberazione alla crisi di fine secolo [M]. Roma: Editori Laterza, 2003.

MARCHETTI R, CECCOBELLI D. Twitter and television in a hybrid media system[J]. Journalism practice, 2016, 10(5).

NATALE S, BALBI G. Media and the imaginary in history[J]. Media history, 2014, 20(2).

The Oxford English dictionary[M]. Oxford: Oxford University Press, 1989.

SAMPEDRO V, MOSCA L. Digital media, contentious politics and party systems in Italy and Spain[J]. Javnost – The Public, 2018, 25(1–2).

二、中文文献

中国大百科全书·新闻出版[M]. 北京: 中国大百科全书出版社, 1990: 270.

阿特休尔. 权力的媒介[M]. 黄煜, 裘志康, 译. 北京: 华夏出版社, 1989.

波兹曼. 童年的消逝[M]. 吴燕莛, 译. 桂林: 广西师范大学出版社, 2004.

皮拉蒂, 里盖利. 创意工厂——意大利传媒市场[M]. 史克栋, 等译. 北京: 中国传媒大学出版社, 2009.

陈力丹. 世界新闻传播史[M]. 3版. 上海: 上海交通大学出版社, 2016.

丁一. 意大利电视节目概览[J]. 新闻与传播研究, 1995(1).

郝静雅, 何亮. 意大利新闻传播业的历史与现状探析[J]. 传媒, 2020(3).

金京. 意大利媒体环境及CRI对意传播分析[J]. 国际传播, 2018(4).

李彬. 全球新闻传播史: 公元1500—2000年[M]. 北京: 清华大学出版社, 2009.

李宇. 意大利电视业概览[J]. 传媒, 2013(4).

刘昶, 甘露. 欧洲传媒概览: 产业·规制·教育[M]. 北京: 中国传媒大学出版社, 2015.

刘笑盈. 中外新闻传播史[M]. 北京: 中国传媒大学出版社, 2017.

沃克. 报纸的力量[M]. 北京: 新华出版社, 1987.

唐绪军. 意大利大众传播媒介面面观(上)[J]. 国际新闻界, 1997(1).

唐绪军. 意大利大众传播媒介面面观(下)[J]. 国际新闻界, 1997(2).

徐振宇, 兰新梅, 徐小恒. 国内外传媒产业发展态势[J]. 投资北京, 2008(1).

布克哈特. 意大利文艺复兴时期的文化[M]. 何新, 译. 北京: 商务印书馆, 1979.

杨丽,涂鸣华.《每日纪闻》与古罗马时期的新闻传播活动[J].新闻研究导刊,2020,11(16).

展江.意大利新闻法制初探[J].新闻与传播评论,2007(21).

张建达.意大利文化创意产业的现状与发展(上)[N].中国文化报,2012-02-01(3).

张建达.意大利文化创意产业的现状与发展(下)[N].中国文化报,2012-02-08(3).

张建达.意大利文化创意产业的现状与发展(中)[N].中国文化报,2012-02-03(3).

周宜锦.从微观到宏观:探究意大利新媒体行业的发展[J].新闻研究导刊,2017,8(17).

朱龙华.意大利文化[M].上海:上海社会科学院出版社,2012.

朱铁志.意大利的新闻管理[J].传媒,2003(2).

后 记

值此岁末,《意大利大众传媒与文化》终于完稿搁笔,谨以此作为2022年的一个句点。

意大利是欧洲人眼中美丽的国度,是文化艺术的圣地,这里有悠久的历史、灿烂的文明、迷人的风景、热情的人民,有尝不尽的美食、看不完的艺术品、数不清的教堂、听不完的歌剧……这里还有世界顶级的时尚秀场,最炫酷的"超跑",最美味的咖啡,最狂热的足球……这是一片如此多样又如此神奇的土地,它孕育了无数杰出的人物和旷世经典的杰作,是一个让人无法拒绝去爱的国家。

本人自学习意大利语起,与意大利打交道已有二十余年,深感意大利是一个名副其实的宝藏国度。然而,也许因为古罗马文明和文艺复兴的光辉太过耀眼,让人们常常赞叹意大利是文化与艺术的巅峰,却不自觉地忽略了它在其他领域的贡献。古罗马曾是欧洲传媒业的发源地,意大利大众传媒的发展对欧洲乃至世界传媒业的发展都有其贡献和影响力。因此,在本书的编写过程中,本人一直怀着对意大利的热爱、带着一种使命感和责任感去工作,希望能从另一个角度将意大利介绍给国内读者。

回想起当初在接到这本教材的写作任务时,我感到非常激动,因为这是一个我一直想要探究的领域,我也非常荣幸成为"国别区域传媒与文化"系列教材建设的成员之一。历时一年的撰写过程中,我常常十分谨慎,心怀忐忑,因为我深知这本书的意义与分量之重,担心因我本人的才疏学浅而误人子弟,因此落笔成文，力求准确翔实。

  这是一部给致力于从事意大利国别文化研究的研究生使用的教材。多年来，国内关于意大利大众传媒与文化主题的研究非常薄弱，内容零散，相关类别的教材基本没有，一切几乎从零开始。因此，为撰写这本教材，本人阅读了大量的外文书籍和资料，也尽可能地查阅国内所有与意大利大众传媒业相关的中文文献，但由于时间所限，本人常常是心有余而力不足。本人深知一本书着实无法囊括意大利全部的大众传播媒介及其丰富的大众传媒文化，只能挂一漏万，其中的疏漏在所难免，欢迎各位专家学者批评指正，本人将不胜感激，并将在未来的学习工作中继续修改完善。本人谨以此书，抛砖引玉，以期引起学界对意大利大众传媒与文化的关注，希望有更多的、有价值的著作问世。

  在本书的撰写过程中，本人得到了多位专家学者无私的指导和帮助，在此致以诚挚的感谢和敬意。

朱益姝

2022年12月31日于北京

图书在版编目(CIP)数据

意大利大众传媒与文化 / 朱益姝著. -- 北京：中国传媒大学出版社，2023.9
"国别区域传媒与文化"系列教材
ISBN 978-7-5657-3462-5

Ⅰ.①意⋯ Ⅱ.①朱⋯ Ⅲ.①大众传播—研究—意大利 Ⅳ.①G219.546

中国国家版本馆 CIP 数据核字(2023)第 155485 号

意大利大众传媒与文化
YIDALI DAZHONG CHUANMEI YU WENHUA

著　　者	朱益姝
责任编辑	于水莲
特约编辑	郑　鸣
封面设计	拓美设计
责任印制	李志鹏

出版发行	中国传媒大学出版社			
社　　址	北京市朝阳区定福庄东街 1 号	邮　编	100024	
电　　话	86-10-65450528　65450532	传　真	65779405	
网　　址	http://cucp.cuc.edu.cn			
经　　销	全国新华书店			
印　　刷	唐山玺诚印务有限公司			
开　　本	787mm×1092mm　1/16			
印　　张	11.25			
字　　数	172 千字			
版　　次	2023 年 9 月第 1 版			
印　　次	2023 年 9 月第 1 次印刷			
书　　号	ISBN 978-7-5657-3462-5/G·3462	定　价	55.00 元	

本社法律顾问：北京嘉润律师事务所　郭建平